20位心理學大師的
人生必修課

先解決心理問題，
才能解開人生困惑

Wisdom from
20 Psychologists

遲毓凱——著

推薦序

王意中
王意中心理治療所 所長／臨床心理師

　　人生的困惑像一顆又一顆的球，隨著時間的流逝，說來就來，以各種形式，往自己生命中拋來。讓人冷不防，措手不及，疲於奔命。困擾如同迷霧般，層層的籠罩在自己的內心上空。我們被困住了，心急了，心慌了，心累了，時而想豎起白旗，向人生投降。人生的課題好大，讓自己處在原地，茫然不知所措。無論是面對自我與成長，情感與兩性，溝通與社交，這一切在在的影響著自己的生活、工作、學業、感情以及未來。我們想要尋求答案，但在茫茫的知識領域裡，卻是愈追尋，愈迷失，帶來更大的困惑，把整個人框住了。時而令人感到窒息，時而挫折想要放棄，無助感、無力感，如潮浪般襲擊而來。人生的困惑，許多的答案、方向和思考，盡在心理學當中，等待我們一一的探索，覺察，理解，以及找出相對應的解惑之鑰。

　　別著急，別慌張，閱讀《20位心理學大師的人生必修課：先解決心理問題，才能解開人生困惑》頓時讓人豁然開朗。你不用為了心理學的艱澀理論耗費腦筋，藉由佛洛伊德、埃里克森、馬斯洛、斯金納、高爾頓、榮格等心理學大師的經典研究成果、生平軼事等，讓您能夠心領神會。閱讀這本書，就如同手上握著一串鑰匙，讓自己從容優雅的面對人生的困惑與解答，讓自己更加的了解自己，從而獲得生命的意義。

作者序

20位心理學大師，
解答你的人生困惑

人生問題多是心理問題

　　作為一名大學心理學老師，我學習和研究心理學近30年，同時也長期在大學、機關、企業等各種機構，向各界人士普及心理學知識。說起心理學，人們常說的一句話是"有人的地方就有心理學"。確實，這並不是行內人士的自吹自擂，而是當下心理學儼然已成為街談巷議的熱門學問。各種社會話題都離不開心理學工作者的參與，各類媒體也在探討各種問題背後的心理動因⋯⋯學習一點心理學，進而瞭解自身、影響他人、更好地適應職場和生活，也成為現代人自然而然的想法。現在，心理學基本已成為成功的必需要素，是居家的"必備良品"。

　　然而，仔細探究後會發現，"心理學熱"背後展現的是另一個命題：人生問題背後隱藏著諸多心理因素。時代在變遷，在如今的社會背景下，我們的物質需求基本得到了滿足，開始順理成章地追求更高的精神滿足，包括親情、友情、愛情以及家庭、事業、人生，但滿足口腹之欲易，要想心靈豐盛難。

　　國學大師梁漱溟曾提出著名的人生 3 大問題：人對物的問題、人對人的問題和人對自身的問題。人對物的問題指的是人類與自然界的關係問題；人對人的問題指的是人與人之間的情感交流和關係問題；人對自身的問題則包含內在心靈與外在欲望的關係問題。梁漱溟認為，只有解決了這 3 大問題，生命才能獲得最大限度的解放和自由。其實這 3 大問題背後都是心理學問題：人對物的問題基本是個人能力問題；人對人的問題基本是人際關係問題；人對自身的問題則是典型的自我心靈問題。無獨有偶，在心理學研究中，心理學家愛德華・德西（Edward Deci）等人就提出了人的 3 種基本需求，包括勝任需求、關係需求和自主需求。這 3 種需求基本與梁漱溟的 3 大問題一一對應：勝任需求指向一個人的謀生能力；關係需求指向一個人的人際交往水準；自主需求則指向一個人對身心自由的追求。

　　人生困惑一直是心理學探討的課題。心理學從誕生之時起，解決心靈困惑、提升人類福祉就是其重要使命。無論是梁漱溟所說的人生 3 大問題，還是由此引申出的人生諸多煩惱，古往今來的心理學家一直都在努力尋找解決方案。當然，關於人生問題和人生困惑，不僅心理學家在研究，哲學家、倫理學家以及思想教育工作者也一直在探討。但與哲學和倫理學等基於思辨的觀念不同的是，心理學對人生問題的解讀更多的是基於科學發現，所以心理學家給出的答案相對更科學、更細緻，提出的建議也更便於操作。本書聚焦現代人的人生困惑，在介紹相關心理學大師的基礎上，從大師的角度探討我們面臨的人生問題，並給出心理學的解決方案。

學了心理學為什麼不好用

許多人喜歡心理學，也讀了一些心理學方面的書，甚至在網上學了不少心理學的課，但他們普遍的感覺是："這好像不是我想像中的心理學，根本沒有解決我的人生困惑啊！"

這確實是我們必須面對的一個現實。談心理學，必須先瞭解這門學科的特殊性。心理學是一門文化差異較強的學科。首先，它根植於西方的個體主義文化，邏輯起點是一個人的腦生理基礎、認知、情感、動機、人格等內容。而對於集體主義文化下的中國人而言，人們心目中的心理學是以人際互動為開端的。比如，心理學人與外行交流時，被問的第一個問題往往是："你猜猜我在想什麼？"專注的是人際互動。來自東西方文化交匯之地——中國香港的心理學家邁克爾·邦德（Michael Bond）曾說："心理學不幸是由西方人創建的，結果西方的心理學研究了太多的變態心理和個性行為，如果心理學是由東方文化下的中國人創建的，那麼它一定會是一門強調社會心理學的基礎學科。"

這種文化差異也是導致許多人看不進去心理學專業書的原因。那麼，我們能不能換種方式來學心理學，讓它既符合人性，又能滿足中國人的文化需求，而且學起來也不費力？這正是本書努力的方向。

在本書中，我們採用不同於傳統教科書的方式，以問題為先導，從人物和故事入手。"有人的地方就有心理學"，沒有大師就沒有今天的心理學。人們都喜歡聽故事，故事是人類文明傳承的主要方式，更符合人類最基本的認知特性，通過故事和案例來學習，更能讓人獲益。而從概念和邏輯出發的學習則更抽象、更純粹，同時也更消耗認知資源，一般只適於高階的學校教育。

要理解和解決當下的一些問題，最方便和最實際的方法就是認識這一領域的一些大師，瞭解他們在自己獨特人生經歷中的所思、所想、所為，然後再審視今天的生活，這無疑具有啟示意義。大師們的人生和思考，其實是心理學精神的最佳體現。這也是本書謀篇佈局的策略。本書以現實人生問題為出發點，嘗試從人物和故事而非學科結構入手，希望以更符合傳播規律、更貼近人的認知特性的方式，通過"問題 —— 人物 —— 理論 —— 建議"的結構，讓讀者瞭解本學科的一些關鍵人物，繼而理解其研究，並掌握學科精髓。對許多人而言，通過這種方式來學習，可能是最具 CP 值的路徑。

這是一本什麼樣的書

你手中的這本《20 位心理學大師的人生必修課》，是根據以下思路展開的。

▶ 問題先導

科學心理學之所以難以征服大眾，一個主要的問題在於，它總是採用學科視角而非問題視角。很多心理學人更多的是採用嚴謹、科學的限定，從具體的學科概念出發，繼而引出龐大的心理學理論和主題，雖然科學性很強，但實用性不夠，畢竟不是每個熱愛心理學的人都需要通過研修心理學的專業知識才能獲得成長。所以本書以問題為先導，在保證專業、科學的前提下，讓所有內容都聚焦於當下，聚焦於現實中的人生問題。不脫離大眾，只談我們身邊的事，談每個人一生中都會遇到的典型問題。這些問題包括：

如何應對童年創傷？
如何把握人生的關鍵？
如何在職場中站穩腳跟？
如何通過心理學的學習提高個體幸福感？
⋯⋯⋯⋯

這些問題都是切實的問題，本書給出的答案也都是基於專業研究的答案，希望讓讀者能有切切實實的感悟和提升。

▶ 大師引領

本書的一個重要特色就是：大師引領。我們在進入某個領域時，最需要的往往是專業人士的引領，就像許多人辦事時會先想："有認識的人嗎？"有人就好辦事啊！那麼，要通過心理學來解決人生困惑，你有認識的人嗎？當然了，認識遲老師不算。在本書中，遲老師會帶大家認識許多心理學界真正的大師。

歸根結底，任何一門學科都是由一些人、一些研究、一些理論支撐起來，某些人甚至撐起了它的半壁江山。沒有牛頓，經典物理學就無從談起；沒有門捷列夫，化學元素根本找不到家；沒有達爾文，進化論就不能成為一門學問。心理學也有一些靈魂人物，他們的觀念、思想甚至生活經歷左右著心理學的走向。所以，學習任何一門學科，都有必要先認識一些學科內的領軍人，這也是入門與否的重要標誌。**讓讀者認識一些厲害的心理學人，瞭解心理學理論，能用心理學視角來理解人生，並增強幸福感，就是本書的目的所在。**

那麼，在群星璀璨的心理學領域，本書會選擇哪些大師呢？現在社會上"大師"氾濫，也有一些人自稱"心理學大師"。當然，我是不會"請"這些人的。本書所選的，是心理學史上真正如假包換的大師，主要包括兩類人。

一類是經典意義上的心理學大師，他們都是美國心理學會專業人士票選出來的心理學界最有影響力的"上榜人物"，既有中國人熟悉的佛洛伊德、榮格，也有大眾可能比較陌生的斯金納、華生等人。這些心理學大師通過理論和親身經歷，和我們一起探討了恆久的人生話題與心理學答案。另一類是當下具有"時代精神"（黑格爾語）的心理學家。在當前的時代背景下，心理學界有一些"當紅炸子雞"，他們的研究密切關注當下的生活，探討的多是當前人們精神生活的主題，他們本身也影響和改變著心理學的走向。我們要瞭解他們的人生體驗、人生觀點及給我們的人生建議。

▶ 有趣有用

從內容上來說，本書從心理學大師的視角觀察、理解人生困惑並尋找答案；從形式上來說，本書努力以輕鬆的方式傳遞這些知識內容。學習可以是快樂的，也應該是快樂的。在傳遞這些大師思想的同時，本書也會穿插一些逸聞趣事，以便盡可能更輕鬆、更故事化地傳遞內容。好在有些心理學大師本身就是傳奇，他們的人生經歷充滿了故事性。在談及當下的人生問題時，本書也會講到相關心理學大師背後的故事，以便我們理解他們的理論，進而改善自己的生活。

總之，本書會盡可能地將心理學大師的理論與我們的現實生活相結合，對生活中的一些真實問題，給出心理學解釋，並盡力提供解決方案。

我在書中不僅講"why"，即我們的生活為什麼會這樣，而且會談"how"，即如何才能提高生命品質。比如，在談到童年經歷時，我會講佛洛伊德的相關理念，同時也會給出建議，比如如何消除童年經歷的不利影響；再比如，談到塞利格曼的積極心理學觀點時，我會給出如何構建自我積極心態的建議。

本書梳理了人生常見的 20 個困惑，引出了 20 位相關的心理學大師及其心理學理念，並穿插了他們的傳奇故事，最終從心理學角度給出建議和解決方案，儘量做到有料、有趣、有用。

從"大神來了"到大師登場

作為一名大學心理學老師，向公眾普及心理學知識是我的天然使命。我喜歡上網，也曾在網上利用各種形式來傳播科學的心理學知識。我印象最深的是，我曾在網上以故事的形式介紹心理學的重要人物和思想，並用一些小文章來宣傳心理學，沒想到這種自娛娛人的"八卦心理學"傳播方式受到了大家的喜歡，也引發了大量轉載和相關話題的討論。

在我看來，雖然我和身邊的心理學專家、學者皓首窮經，論文報告很專業、實驗嚴謹、資料充實，並發表在重要雜誌上，但始終是一種小圈子裡的遊戲，知道的人寥寥無幾，這不能不說是一件憾事。"要把論文寫在大地上"（馬斯洛語），心理學必須服務於公眾，這樣才有生命力。在知識和文明的傳播中，有人物，有故事，才更符合人性，進而才能有更大的影響力。

按照這樣的思路，我曾寫了一本書《爆笑吧！心理學大神來了》，說的就是心理學大師生活中的一些小事、趣事和糗事，展示五光十色的心理學世界，很有趣味性。而《20位心理學大師的人生必修課》除了兼顧趣味性，更希望從現實出發，深入大師們的思想深處，談談他們的人生經歷和研究對現實的意義，具有很強的實用性與啟發性。

《爆笑吧！心理學大神來了》從心理學大師的故事中選材，是以"大神、大仙"的角度來看待他們的；而《20位心理學大師的人生必修課》並不拘泥於此，選材的意義性大於故事性，重點在於這些大師的研究其生命力能否跨越時代，能否對當下的生活有指導意義。可以說，《爆笑吧！心理學大神來了》與《20位心理學大師的人生必修課》相互補充，又各自獨立。

總之，希望讀者通過閱讀本書，能認識一些心理學大師，瞭解一些心理學理念，從而化解人生的困惑，重新發現生命的意義，做一個明白的、幸福的、不糾結的人。

目錄

第一部分　自我與成長

01 為什麼長大後的錯，我們都愛怪原生家庭
原生家庭・佛洛伊德 ———— 16

02 不同年齡階段一定要完成的使命是什麼
自我發展・埃里克 ———— 28

03 如何才能實現自己的人生價值
自我實現・馬斯洛 ———— 44

04 想要改變行為，就跟行為設計的祖師爺學一學
行為主義・斯金納 ———— 60

05 為什麼很多心理測驗給人的感覺很準
自我測試・高爾頓 ———— 80

06 我們什麼時候需要去做心理諮詢
心理諮詢與治療・榮格 ———— 98

07 人類的終極問題"自由意志"真的存在嗎
腦與意識・加桀尼加 ———— 116

第二部分　感情與兩性

08 每天都過得很壓抑，該怎麼讓自己變得開心起來
積極心理・塞利格曼 ———— 134

09 如何找到感性和理性之間的平衡點
理性腦與情緒腦・海特 ———— 152

10 有沒有快速且易操作的減壓方法
緩解焦慮・卡巴金 ———— 170

11　在職場中遇到心儀的人，該試著談一場戀愛嗎
行為主義・華生 ——————— 188

12　如何才能體驗到沉浸其中、忘記時光流逝的樂趣
心流・希斯贊特米哈伊 ——————— 202

13　完美的愛情究竟是什麼樣的
兩性・斯滕伯格 ——————— 220

第三部分　溝通與社交

14　當朋友向我嘮叨他的煩心事時，我該怎麼幫他
當事人中心・羅傑斯 ——————— 236

15　我的孩子究竟在想什麼
兒童心理・皮亞傑 ——————— 254

16　別人施壓時，我如何開口說"不"
社會影響・米爾格拉姆 ——————— 270

17　要想成功，比智商和情商更重要的是什麼
勝任力・麥克萊蘭 ——————— 284

18　如何提高你的個人影響力
影響力・霍爾 ——————— 302

19　怎樣才能做到心理平衡
認知失調・阿倫森 ——————— 318

20　如何理解和自己不同的人
文化心理・馬庫斯 ——————— 334

PART 1
第一部分

自我與成長

QUESTION

01

為什麼長大後的錯,我們都愛怪原生家庭

佛洛伊德的童年決定論,會讓我們在感嘆生活不公的同時,也給自己的問題找到了藉口。因此,我們可以將責任推到一邊,可以放棄自己的努力而不愧疚,從而得到極大的安慰。

解惑大師 佛洛伊德

SIGMUND FREUD

研究「原生家庭」心理學家

最佳解方

通過與父母溝通來與自己和解。

當年，網路上有一個比較好玩的群組，叫"父母皆禍害"。群組成員會在組裡"痛斥"父母當年的不良教育給今天的自己帶來的傷害。當然，小組成員主要是為了吐槽家庭影響這件事，畢竟父母的作用不可小覷。那麼，父母是不是"萬惡之源"？原生家庭的悲劇又該如何避免？

童年的不幸真的毀一生嗎

▶ 佛洛依德認為童年難免有"戀母仇父"情結

提起童年經歷，一位繞不開的心理學大師就是西格蒙德‧佛洛伊德（Sigmund Freud）。當年，佛洛伊德在心理治療中發現，許多人在成年時期出現的問題，往往和自己的童年經歷有關。那麼，二者之間真的有聯繫嗎？一個人的童年經歷與成年時期的人格是否存在因果關係呢？精神分析學派善於分析，既分析別人，也分析自己，而且分析起自己來一點兒也不客氣。根據自我分析，佛洛伊德認為，他對父親的感情很複雜，又愛又恨，大抵源於他對母親的依戀。他記得自己在大約兩歲半時看到了母親的裸體，然後"力比多"（libido）被喚醒，有了性衝動。

隨後，佛洛伊德 提出了"俄狄浦斯情結"這一概念，認為所有兒童在發展過程中都會不可避免地體驗到這種強烈的"戀母仇父"情結。如果這種情結未能得到很好的疏解，就會影響未來人格的形成。佛洛伊德進一步強調，成年人的人格缺陷往往來自不愉快的童年經歷。童年經歷對成年人人格形成的影響是很大的，所謂"三歲看八十，七歲定終身"，可以說"童年不幸毀一生"。後來，新精神分析學派的代表卡倫・霍妮（Karen Horney）則直接歸納出了父母的幾大"基本罪惡"，包括冷漠、不守承諾、偏愛、羞辱等。

總之，自佛洛伊德以來，有關童年的重要觀點都認為，如果一個人在童年過得不好，那他這輩子都要受影響，而且基本沒有改善的可能，所以人要重視童年。**佛洛伊德的"童年經歷影響一生"的觀念深入人心，而且具有頑強的生命力。近幾年，這種觀念捲土重來，而且帶來了一個大家耳熟能詳的詞：原生家庭（family of origin）。**

▶ 佛洛伊德 的 "童年決定論" 深入人心

所謂 "原生家庭"，說的是人出生後養育自己的那個家庭。原生家庭是一個人進行情感和經驗學習的最初場所。成年、結婚以後，人會和愛人及孩子住在一起，這個家庭就不是原生家庭了，而是 "新生家庭"。

心理諮詢相關領域的人對原生家庭的談論尤其多。對一般人來說，童年和原生家庭是緊密聯繫的。佛洛伊德的 "童年決定論" 深入人心，所以在原生家庭的語境下，許多人認為自己的問題源自父母早期的不良教育也就不足為奇了。如下面這種認知：

我今天的不幸婚姻是我父母當年不幸婚姻的再版。原生家庭問題直接進入了我的新生家庭。

很多人都會這麼理解自己當前的不幸，仿佛原生家庭有一種原罪，永遠脫不開。當然，也有人覺得原生家庭論是騙人的，屬於偽心理學。龍生九子，還各有不同呢，龍生的九個孩子的原生家庭是一樣的，但它們最後的形態卻各有不同。所以，一個人的不良行為和父母沒有太大的關係。這個 "鍋"，原生家庭不背。那麼，原生家庭的影響力究竟有多大？我們又該如何看待自佛洛伊德提出後就流傳甚廣的童年決定論呢？

原生家庭的影響會遺傳嗎

▶ 原生家庭的代際遺傳

作為一個人成長的最初場所，原生家庭的確會對人的人格形成產生極大影響。許多科學典範下的心理學研究雖然沒有明確地以原生家庭的名義展開，但也揭示了家庭環境對人的重要意義。

成長於"不良"家庭環境中的個體，其心理社會行為會受到影響，進而更容易產生情緒管理及心理健康等方面的問題。例如，在單親家庭長大的孩子，由於父親或母親的角色缺失，他們往往會比其他人表現出更明顯的性格缺陷；如果父母經常吵架，那麼孩子就會對戀愛和婚姻感到迷茫、畏懼甚至厭惡；如果父母提供不了支援性的、溫暖的家庭環境，而是以拒絕或冷漠的方式來對待孩子，那麼孩子長大以後就容易出現反社會行為，包括婚戀中的暴力行為。

原生家庭不僅會對孩子的社會情感生活產生影響，如影響他們的戀愛生活，同時還會影響他們的婚後生活。甚至有研究發現，原生家庭的經歷是影響一個人成年後性生活滿意度的重要因素，換句話說，夫妻性生活的不和諧，是當年父母的粗暴對待導致的部分後果。

一項針對 4,000 多名兒童的成長追蹤調查發現，童年時期，如果父母的婚姻關係痛苦或婚姻破裂，那麼這些孩子將來在青春期出現抑鬱、焦慮的風險就會增加；此外，父母解決衝突的模式在某種程度上也會傳遞給子女，子女會在自己與他人的親密關係中複製這種模式。也就是說，**原生家庭對個體的影響是長期且深遠的，甚至可以一代代傳下去。**

▶ 原生家庭對我們的影響絕非事情的全部

原生家庭對個體成年後的影響毋庸置疑，這是不爭的事實，相關研究案例也不勝枚舉。但是，這絕非事情的全部真相。從理論上來說，新精神分析學派的卡倫・霍妮雖然也痛斥了父母的罪惡對孩子的影響，但她反對佛洛伊德的童年決定論。她認為，人格的形成會受到文化因素的很大影響，而且每個人的內心深處都有積極成長的內在力量。

我們在現實生活中可以看到，大多數年輕人在成年後離開家庭，之後的自我塑造更多在於他們自己的努力。原生家庭的力量雖然很強大，但個體的自我塑造才是最終的決定力量。原生家庭論說出了一部分事實，即原生家庭對人的成長的確有影響，但作用有限。它是一面鏡子，可以映照出過去的是與非，但它並不是一把尺，無法衡量今天的因與果。

▶ 童年決定論成了推卸人生責任的擋箭牌

那麼，我們為什麼喜歡原生家庭的說法？這種說法在中國為什麼如此流行？佛洛伊德的童年決定論的生命力為什麼如此強大？歸根結底，還是和人性有關。首先，童年決定論等觀點使得人們看到的一切更容易得到理解，解釋力驚人，而這種論調滿足了我們對世界理解的需求。這其實也是宗教的重要心理起源，任何事都需要明確簡潔的解釋。這屬於人性範疇，科學是做不到的。

其次，對中國人來說，由於長期受儒家"君臣父子"等傳統思想的影響，在成長過程中都會有"成人不自在，自在不成人"的經歷，現實生活中活得太委屈，成長路上也受盡成人世界的壓榨。佛洛伊德的精神分析認為心理問題源自童年和性，這種解釋恰恰能反映中國人對童年和性的普遍態度，我們都是在欲望與壓抑的煎熬中長大 —— 精神分析懂我們，所以我們愛精神分析。

最後，從根本上來講，童年決定論等觀點是一種外因，不傷人心。換句話說，這種理論可以推導出，我們今天出現的問題不是自己造成的，而是由外在因素決定的，如不可改變的原生家庭等因素。**這樣的解釋會讓我們在感嘆生活不公的同時，也給自己的問題找到了藉口。因此，我們可以將責任推到一邊，可以放棄自己的努力而不愧疚，從而得到極大的安慰。**

尤其是那些童年有陰影的，或性方面受壓抑的人，多半都可以從佛洛伊德的理念中找到問題的解決方案。因此，童年決定論最終成了一個流行的概念，也成了苦悶大眾尋求心靈慰藉、推卸人生責任的擋箭牌。

如何擺脫代際的循環

然而，一切都是命中註定，不可改變了嗎？原生家庭帶來的詛咒只能一代代傳下去嗎？當然不是，俗話說"我命由我不由天"。接下來，我們來談談面對原生家庭問題，該如何努力改變自己的思路和策略。

▶ 面對問題，以平常心對待

我們要明白，所有的父母都難免有不足之處，不存在絕對完美的原生家庭。在原生家庭中，即將或已經成為父母的人，難免會犯這樣或那樣的錯誤，有調查表明，大多數父母都打過孩子。不過，僅憑這種過激行為，不能說明這些父母殘暴無情或不稱職。

我們都是普通人，一直拿原生家庭說東說西意義不大，誰都無法改變自己的出身。而懷著一顆平常心來看待原生家庭的"罪與罰"，恰好可以成為我們當下努力的方向。

▶ 有效溝通，與自己和解

懷著一顆和解的心進行有效溝通也很重要。佛洛伊德曾分析過他自己的童年，我們也可以站在第三者的角度，"回到"童年的自己身邊，給那時的自己一些安慰，這樣一來，理解了自己的童年，也就理解了自己當下的不滿。因此，不要用過去的行為模式來懲罰今天的自己。

面對委屈，我們可以通過與父母溝通來與自己和解，比如：

- 給父母寫信，訴說自己的委屈和渴望，進而原諒彼此；
- 直接與父母對話，徹底克服面對他們時的恐懼，告訴他們實情以及自己當下的所想。

雖然我們不一定能得到多麼善意的回應，但我們心中的結會因此而解開。

另外，我們也可以尋求專業人士的幫助。當我們沉浸在原生家庭帶來的痛苦中難以自拔時，向他人求助是最佳選擇途徑。

▶ 放棄鬥爭，為未來做準備

父母有自己的行為邏輯，而有效表達自我是我們的需求，但我們不應該通過改變父母來獲得良好的自我感覺。有的父母對孩子沒有愛，有的父母不知道怎麼表達愛，面對這樣的事實，我們可以選擇不原諒他們，但必須轉移自己的焦點。

從治療方面來看，佛洛伊德那種把諮詢重心放在過去的做法已經過時了，如今的心理治療早已不再集中關注來訪者早期的生活經歷，不再集中在"過去"，而是把重點轉移到"當下"，重視來訪者如何改善當下的行為和人際關係。所以，無論童年決定論是否正確，糾結於此往往耗時費力，且收效甚微。

其實，**童年決定論以及原生家庭的觀點給我們的啟示，更多的並不是讓我們回望過去，而是著眼於現在和未來。**重視活在當下，由我做起，在今天以及未來的日子裡，減少原生家庭的負面影響，斷開其代際傳播的通路，學著做合格且優秀的父母，讓自己的孩子成長在一個幸福、充滿生機與朝氣的原生家庭中。

最後，來講一則小故事。有個小男孩很淘氣，小時候曾在父母的臥室裡撒尿，他父親氣得大罵："你這臭孩子將一事無成！"那麼，這個調皮的小男孩會不會因為父親的責罵而懷恨在心，由於父親的"詛咒"而耽誤了身心發展，最終真的一事無成呢？並沒有，事實上，這個小男孩最終成了最有影響力的心理學家之一，他就是佛洛伊德。

QUESTION 02

不同年齡階段一定要完成的使命是什麼

在埃里克森的觀念中,對於青年和中年人,除了工作,愛人孩子最重要。在壯年期,該談戀愛談戀愛,該結婚結婚,該生孩子生孩子,該教育孩子教育孩子⋯⋯這是人生這段時期最重要的事,做好了這些事情,生活才算完滿。

解惑大師 埃里克森

ERIK H. ERIKSON

研究「自我發展」心理學家

> **最佳解方**
> 把握好人生的關鍵，在關鍵期做好關鍵事。

相傳，北京大學的保全個個都很傳奇。有人去北京大學，在門口遭到保全的三大"盤問"："你是誰？你從哪裡來？你到哪裡去？"與此有異曲同工之妙的是網路預約計程車司機的常規問話："你清楚自己的定位嗎？"

北京大學的保全與網路預約計程車司機的問題，既是生活中的現實所需，也是我們每個人一生中都要回答的問題。困擾許多年輕人的問題其實就是：

我是誰？我從哪裡來？我要到哪裡去？我的人生定位在哪裡？

自我認同決定了人生定位

從本質上來講，以上幾個問題都是關於自我認同。在心理學中，如果想確認這一問題的答案，需要求助發展心理學家艾利克・埃里克森（Erik H. Erikson）。埃里克森把佛洛伊德關注的無意識的"本我"提升到意識層面的"自我"，並強調了社會文化因素對自我成長的影響。埃里克森認為，"我"不是孤立的現象，而是與"他人"以一種相互融合的方式存在。他強調了"我"的社會特徵，認為"我"只能在"我們"中重建。他把"我們"定義為"一群分享一致的世界形象的'我'"。

關於"我"的認同和定位，可以通過"自我同一性"（ego identity）這一概念來理解。"自我同一性"現在普遍被翻譯成"自我認同"，指的是一個人對於自我身份的確定。在青少年期，我們對自我的現實與未來、自我的表像與真相一般會產生諸多不確定感，比如"我是一個什麼樣的人？"、"我要成為一個什麼樣的人？"、"我要努力成長為什麼樣的自己？"……這些問題如果能順利得到解決，我們就能在社會群體中展現出忠誠的品質，成為一個自我定位明確且有追求的人。

不過，在青少年期就明確自己的身份認同並不容易。而且，如果我們沒有好好地解決這一問題，不清楚自己的定位，不認同自己的現實狀況，就會經歷心理危機，出現自我認同混亂。其實，埃里克森本人對自己的身份認同在青少年期就出現了混亂：高中畢業後，他很迷茫，於是他流浪，學習藝術……這些都是他尋找自我、定位自我的過程。後來，他找到了心理學，找到了精神分析，最終確定了自己的內在喜好和努力的方向，成了一名心理學家。68 歲的時候，埃里克森的自我認同混亂徹底平復了，他向世人道出了自己的身世。

大 / 師 / 小 / 講

爸爸去哪兒了

埃里克森的身世究竟有什麼獨特之處呢？回答這個問題好像有點難，其實謎底就在謎題中，埃里克森的全名是埃裡克・洪布格爾・埃里克森（Erik Homburger Erikson），Erikson 裡有個"son"，學過英文的都知道，son 就是"兒子"的意思。他的親生父親的名字就是 Erik，中間的 Homburger 是他繼父的姓氏。

埃里克森是一個私生子，從來沒有見過自己的親生父親，他的母親是一個猶太人。與他親生父親在一起的那段日子應該是他母親一段不堪回首的經歷，因此，他母親也從未向他提起過他的親生父親，在高中之前，他也不知道有這樣一個人。埃里克森 3 歲的時候，他母親嫁給了一個名叫希歐多爾·洪布格爾（TheodorHomburger）的牙醫，這個人也是猶太人。所以，埃里克森是在猶太人家庭中成長起來的，但他長得一點也不像猶太人，可是在學校裡，其他同學又把他當成猶太人。所以，"我是誰？我從哪裡來？我要到哪裡去？"這 3 個問題始終縈繞在他的腦海中。

中學畢業後，埃里克森沒有聽從繼父的建議去讀大學，而是到處遊蕩，學學速寫、雕刻，成了一名"流浪藝術家"。後來，他到了維也納，這裡是佛洛伊德的"大本營"。在那裡，埃里克森遇見了佛洛伊德女兒安娜·佛洛伊德（Anna Freud），由此進入了精神分析的世界。學成之後，為了逃避納粹的迫害，他和當時歐洲的許多心理學家一樣去了美國。最終，埃里克森以高中學歷成了哈佛大學的教授，並成了享譽世界的發展心理學家。

> 去美國之前，這位"流浪藝術家"把自己的名字正式從"艾利克·洪布格爾"改為"艾利克·洪布格爾·埃里克森"，他認為自己的最終定位還是"埃裡克的兒子"，而自我認同也成了他的重要研究內容。

人格發展的 8 個階段

那麼，由青少年期的認同危機向外擴展，是不是人生的各個階段都有類似的危機及不同的任務呢？

埃里克森對佛洛伊德的基於性欲的發展學說進行了拓展，用"心理 —— 社會發展"代替了單純的"自我發展"，提出了整個生命歷程的"生命週期"概念，並將其具體化為人格發展的 8 個階段（見表 2-1）。

埃里克森的人格發展八階段理論源於佛洛伊德的人格發展理論，他對其進行了拓展和完善。當時，埃里克森只是基於自己的諮詢實踐與思考提出了這一理論，它基本上是一種假說性理論，並沒有充分的實驗證據。然而，後來這一理論的影響卻越來越大，許多觀點也得到越來越多證據的支持。

埃里克森認為，人格在人的一生中一直在不斷發展，每個人都會經歷人生發展的 8 個階段。在每個階段中，每個人都有主要的發展任務，如果成功完成發展任務，並順利解決了危機，便會形成積極的品格；反之則適應困難，會形成消極的品格。如前面所談的青少年期，這一階段的發展任務就是建立自我身份認同，如果在這一階段末期對"我是誰？我從哪裡來？我要到哪裡去？"這 3 個問題仍然不明確，自我定位不清，就會導致自我認同混亂，角色感不清。

在人生關鍵期解決關鍵任務

對於埃里克森提出的人格發展八階段理論，究其實質，我們可以將其看作是某一品格發展的關鍵期，**在關鍵期要解決關鍵任務，以養成特定的人格特質。**

說到關鍵期，我們很容易想到孩子學外語。孩子如果學外語，最好在 10 歲之前加把勁。這件事等不得，因為 10 歲

【表 2-1】 埃里克森的人格發展八階段理論

階段	年齡（歲）	社會矛盾
嬰兒期	0～1.5	信任 —— 不信任
幼年期	1.5～4	自主 —— 羞愧和懷疑
學前期	4～6	主動 —— 內疚
學齡期	6～12	勤奮 —— 自卑
青春期	12～18	同一性 —— 角色混亂
成年早期	18～30	親密 —— 孤獨
壯年期	30～65	繁衍 —— 停滯
老年期	≥65	自我整合 —— 絕望

矛盾得到解決形成的品格	矛盾解決失敗形成的品格
信任他人，對外界有安全	恐懼，對外界感到害怕和不信任
能按社會要求表現出目的性行為，發展出自主能力	缺乏信心，畏首畏尾，感到羞愧，懷疑自己的能力
為人主動，表現出積極性和進取心	畏懼、退縮，並產生內疚感和失敗感
勤奮，掌握求學、做事、待人等各種基本能力	缺乏基本的生活能力，感到自卑和無價值
有明確的自我概念，自我內部與外部環境相協調	對於自我與他人的角色認知混亂，充滿不確定性
建立友情和愛情，發展出愛的能力	與社會疏離，孤獨寂寞
熱愛家庭，關心社會，追求事業成功	只顧及自我和"小家"，缺乏社會責任感
回顧一生，感到生活有意義	悔恨舊事，消極絕望

之前是學語言的關鍵期，過了這一階段再學很難學得道地。我現在說的英語還帶有"標準"的東北口音。根據埃里克森的觀點，不僅學語言存在關鍵期，許多人格特質的形成也存在關鍵期。

▶ 吃奶的孩子的"信任"關鍵期

人格發展第一階段是嬰兒期，這一階段是哪種人格特質形成的關鍵期呢？有人說吃奶最關鍵。吃奶確實很重要，但吃奶是生理上的表現，不是心理上的。埃里克森認為，在這一階段，人格特質培養的關鍵在於"信任"。換句話說，嬰兒期是培養孩子對周圍的人、對世界產生信任的人生關鍵期。

對此該怎麼理解呢？很簡單。假設孩子的媽媽很有耐心，很細心，又有責任心，每天把孩子照顧得很周到。當孩子有需求的時候，比如哇哇一哭，媽媽馬上意識到孩子要吃奶了，於是趕緊把孩子抱過來餵奶；孩子哇哇又一哭，敏感的媽媽馬上分辨出，這次的哭聲和上次不一樣，孩子不是要吃奶，而是尿尿了，於是趕緊過來給孩子換尿片。幾次下來，孩子會產生一種感覺：這個世界是可以信賴的，周圍的人是良善的，我有需求的時候能夠得到幫助。這樣，他們會形成"信任"的人格特質。

而如果孩子的媽媽馬虎大意、情緒不穩定，高興的時候，比如丈夫送了禮物，心裡很高興，孩子沒哭也會抱起來親個沒完，"乖寶寶、乖寶寶"叫個不停；不高興的時候，比如和婆婆吵架了，心中不快，孩子哭半天了她也不管，而且也不管孩子聽不聽得懂就責罵："哭哭哭，就知道哭，早知道這樣真後悔把你生下來，不如把你塞回肚子裡……"如此這般，孩子就會得出一個結論：這個世界無法信任，周圍的人什麼時候對我好、什麼時候對我不好也沒標準。如此一來，他們就會形成"不信任"的人格特質。

進一步，孩子和媽媽之間就會形成相應的安全型依戀關係或不安全型依戀關係。二者之間的差異在孩子一兩歲時就會體現出來。例如，如果孩子的媽媽要離開了，與媽媽形成安全型依戀關係的孩子會怎麼樣呢？他會哭，但很快就會停下來，因為他知道，媽媽可能有事要出門，他並不會感到焦慮；他也知道，當自己有需求的時候，媽媽就會回來，因此媽媽走後，他很快該玩就玩，該樂就樂。而與媽媽形成不安全型依戀關係的孩子，當媽媽離開時，他也會哭，而且會哭個沒完沒了。在他的觀念中，媽媽一走，就不知道她還能不能回來了。

根據埃里克森的觀點，孩子在嬰兒期形成的信任也許會影響他們一輩子,因為他們對世界、對他人的基本信任就源於此。比如夫妻間的信任問題。現在有許多女性對自己的丈夫的成長感到焦慮,當丈夫的事業順利、男性魅力愈來愈強大時,總擔心他有外遇,自己的地位保不住。很常見的一個現象就是,當一群男人聚會,有的時候僅僅稍晚了一些,一些男性家屬的電話就來了:"老公,你在哪裡啊?什麼時候回來啊?現在和誰在一起啊?把我的電話給他,我要和他說兩句……"這就是生活中常見的所謂"查勤":擔心丈夫,對丈夫的行為感到焦慮。

有的男人很委屈,自己在外面什麼也沒有做,但自己的妻子就用各種手段一直監控自己,在朋友和同事面前接妻子的電話也心生埋怨:"你為什麼就不能信任我呢?"其實也沒必要埋怨,這樣的男人可能要做的是回家問問自己的岳母,自己的妻子當年是如何被照顧的,沒被照顧好就會這樣。**嬰兒期如果沒有形成對世界的信任,成年後的夫妻關係也會受影響,無論對方表現得多麼好,這個人就是無法對對方產生信任感,而且缺乏安全感,焦慮是其一輩子的標記。**

▶ 大學生的"親密"關係關鍵期

有人可能會說:"這太玄了吧。"或許有點誇張,但精神分析的思路基本就是這樣的。接下來，我們談一談大學時期什麼最關鍵。讀書？考試？還是搞社團活動？都不是，根據埃里克森的理論，上大學的時候（18～25歲），是建立親密關係的關鍵期，換句話說，上大學時，談戀愛很重要。當然，從世俗方面考慮，有一些人，尤其是有一些人生經驗的"過來人"會說："大學生談什麼戀愛，著什麼急啊！談了也不成功，還不如利用這段時間多讀點書，多考幾個證照，畢業了找個好工作，到時候再談也不遲啊！智者不入愛河。"

有沒有道理？好像也有點道理。確實，大學生談戀愛的比較多，但最終修成正果的比較少。大學期間的戀愛要麼"無疾而終"，要麼經不住現實的風吹雨打，大學畢業後慘澹結束，這是普遍的現象。那麼，大學期間就不要談戀愛了嗎？埃里克森在人格發展八階段理論中不是說，這個時候是建立親密關係的最佳時期嗎？大學生談戀愛雖然不容易成功，但在我看來，談戀愛不一定要所謂的"成功"。

為什麼呢？因為在這一關鍵期，戀愛中的雙方會在兩情相悅中體驗親密感，見到心儀的人才會出現"小鹿亂撞"的感覺。跨過這一人生時期，人年紀大了，收入穩定了，工作順利了，所謂成熟了，到那個時候再談戀愛行不行呢？不是不行，但當年的那種感覺沒有了，不同的人生階段有不同的任務。只有青春年少的時候，才是意氣風發、體驗親密關係的最佳時期。佳期一去不復返，此地空餘傷心人！

▶ 壯年期的"繁衍"關鍵期

埃里克森認為，25～50歲這段時期的關鍵任務是"繁衍"，這裡的繁衍不僅僅是指生孩子，還包括工作。這一階段是一個人表現工作成果或作品的關鍵期。對於工作的問題，就不多說了，以下重點來談談家庭。

在埃里克森的觀念中，**對於青年和中年人，除了工作，愛人孩子最重要。在壯年期，該談戀愛談戀愛，該結婚結婚，該生孩子生孩子，該教育孩子教育孩子……這是人生這段時期最重要的事，做好了這些事情，生活才算完滿。**

當然，我們可能會找各種理由來回避這些可能需要自己承擔責任的事情，比如聲稱自己工作忙，沒時間談戀愛；壓力大，沒時間教育孩子；事情多，沒時間陪愛人……但不要忘了，人生關鍵期過去之後，造成的遺憾是難以彌補的。很多父母錯過了育兒的關鍵期，沒有和孩子在一起，結果導致孩子的心裡對父母始終存有芥蒂。孩子小的時候父母沒時間教育他們，那父母什麼時候有時間呢？退休之後嗎？退休之後就不一定是誰教育誰了。

在人生這段時期，許多人忙於工作而忽略了家庭，這種做法是存在很大隱憂的。我們應該分清主次，凡事講究輕重緩急，力所能及地多陪陪家人，切忌好高騖遠，沉浸在自己無能為力也無法左右的"遠大理想"中，這無異於浪費青春和生命。

只有把握好人生的關鍵，在關鍵期做好關鍵事，踏穩人生節奏，順應人生發展規律做事，我們最終才能成為人生贏家。

QUESTION

03

如何才能實現自己的人生價值

可以通過"四態度（直面問題、反求諸己、選擇成長、忘我之境。）"和"三不（不斷進取、不戀高峰、不背包袱。）"等途徑達到自我實現的境界。

> 最佳解方
>
> 自我實現就是充分發揮一個人的潛能。

解惑大師

馬斯洛

ABRAHAM MASLOW

研究「自我實現」心理學家

青春歲月中，許多年輕人會感到孤獨和迷惘，他們聽從父母的安排、師長的指導，讀書、考試、找工作。難道他們註定要走別人安排好的人生嗎？人活著的目的何在？怎樣才能實現自己的人生價值？

為什麼人們越來越關注自我價值

對於"為什麼人們越來越關注自我價值"這個問題，心理學領域最有資格回答的人是亞伯拉罕·馬斯洛（Abraham Maslow）。英國作家科林·威爾遜（ColinWilson）曾說："自馬斯洛去世以後的 25 年當中，他的名聲沒有一點下降跡象，而與此同時，佛洛伊德和榮格的聲名卻遍體鱗傷，佈滿彈痕，我認為這是非常重要的一點。我相信，這是因為，在馬斯洛的思想中，最有意義的東西，在他自己那個時代都還沒有顯露出來。他的重要性在未來，在 21 世紀一定會顯露出來。"

03 如何才能實現自己的人生價值
自我實現・馬斯洛

威爾遜說的未來已到，現在已經是 21 世紀了，年輕人關注的問題已不同於往日。從中國的現實背景來說，"1960 年後出生"關注的是溫飽，"1970 年後出生"關注的是吃好，而"1980 年後出生"、"1990 年後出生"、"2000 年後出生"則生活在一個富足和寬容的社會，他們的心靈追求從"溫飽"等需求昇華到"自我實現"，他們更關注自我價值與人生價值的實現，而這正是馬斯洛需求層次理論的焦點所在。

作為人本主義心理學大師，馬斯洛探討了人生動機和需求步步升級的過程。在馬斯洛的理論中，動機和需求是一回事，人類所有的行為都是由一定的需求驅使的。人的需求從低到高依次為生理需求、安全需求、歸屬和愛需求、尊重需求以及自我實現需求。這 5 種需求是有層次的，像爬階梯一樣，從低到高，逐層遞升。

舉個例子，比如問你："你為什麼要工作啊？"你可能回答："唉，混口飯吃。"混口飯吃，這就是生理需求，我們工作中獲得的薪水、健康的工作環境及各種福利主要是為了滿足這類需求。

但如果你已經不愁吃穿了，當別人問你為什麼還要工作時，你可能會回答："唉，要繳房貸啊！"租房、買房、繳房貸，是為了保證自己不會露宿街頭，遠離危險，這是為了滿足安全需求。公司為你提供的"保險"等主要滿足的也是安全需求。

但如果你的房貸已經繳完了，別人問你為什麼還要工作，你可能會回答："唉，房子太空，必須找個人成家。"這就是歸屬和愛需求了，人都有歸屬某個群體及建立良好人際關係的渴求。

那麼，當你成家以後，別人又問你為什麼還要工作，你可能回答："自己想在公司做出點成績，在家人和同事面前才有面子。""有面子"主要是為了得到他人的崇拜和承認，這就是尊重需求。人們在社會中尋求地位、名分、權力等，甚至與他人的薪水進行比較，都是為了滿足此類需求。

最後，當你有了家庭和孩子，別人再問你為什麼還要工作時，你可能會回答："唉，人就應該找點事情做，我現在就有這個喜好！"這時的工作就脫離了低層需求，滿足的是較高層次的需求，也就是自我實現需求。這時候，工作的目的不為其他，只為能發展個人特長，追求挑戰。

因此，同樣的工作，不同的人有不同的動機，需求層次各異，水準有高有低。

娛樂也一樣，比如打麻將。有的人打麻將是為了和好友聚在一起熱鬧熱鬧，這是歸屬和愛需求；有的人打麻將是為了向別人證明自己聰明、牌技好，這是尊重需求；還有的人打麻將不為別的，就為了贏牌時的快感，在完成挑戰性任務後獲得內心的滿足，這就是自我實現需求了。一桌麻將，可以滿足人的各種需求。

一般來說，大多數人在滿足了尊重需求之後，就覺得差不多了，將目標定在自我實現的人比較少，這些人在生活中顯得比較另類。傳統中國人的理想是：一畝地，兩頭牛，老婆孩子熱炕頭。"一畝地，兩頭牛"，有吃有喝，滿足的是生理需求；"老婆孩子"，滿足的是歸屬和愛需求，以及尊重需求；"熱炕頭"滿足的是安全需求。這裡面沒有提到自我實現需求。

以上提到的是我們熟知的需求層次理論的 5 個階段，後來，馬斯洛又增加了認知需求和審美需求兩個層次，並將人的需求整體分為兩類：基本需求和成長需求。前者包括生理需求、安全需求、歸屬和愛需求以及尊重需求；後者包括認知需求、審美需求和自我實現需求。很明顯，**當下年輕人關**

注的需求已經從基本需求轉變為成長需求，他們要通過自我實現來完成自我的人生價值。 在這一點上，馬斯洛本人的經歷可以作為一個範本。

馬斯洛的"逆行"需求層次理論

根據馬斯洛的需求層次理論，一般來說，當低層次需求得到滿足後，人才會產生高一層次的需求；當某種需求得到滿足後，人就會失去對相關行為的喚醒。比如，假如某位老師對學生呼來喝去，那麼學生就不願意學習了。這是因為，在尊重需求沒有得到滿足的情況下，人很難產生認知需求。如果你在課堂上饑腸轆轆，是聽不進去老師講的課的，因為你的基本需求沒有得到滿足，此時，成長需求就很難成為主導需求。

但有時候，世界的希望就在於例外或"不正常"，需求層次的順序並不是完全固定的，一些特殊的人可以選擇"逆行"需求層次。也就是說，**有些人可以為了高層次需求放棄低層次需求，從而顯現出特別的風骨。** 比如越王勾踐為了復國的理想而臥薪嚐膽，比如詩人屈原為了表達愛國之情投江自殺……

其實，馬斯洛本人就是"逆行"需求層次的最佳例子。

馬斯洛的童年很悲慘，基本可說是父不慈、母不愛。他母親是個老迷信，動不動就詛咒他："上帝會懲罰你的。"他父親則"和氣"一點。在一次聚會上，他父親當著大家的面嘲笑他："你們見過比他還醜的孩子嗎？"這多傷人的自尊啊，尤其是對馬斯洛這樣一個心思細膩又自卑的孩子來說！父母為什麼就沒有一點鼓勵呢？不過，馬斯洛長得醜確實也是事實。在一個沒有歸屬和愛的家庭中長大，馬斯洛的基本需求難以得到滿足，於是他選擇了更高層次的認知需求：一頭栽進圖書館，竟然把青少年可以看的書都看完了，後來圖書館管理員給了他一張成人卡，他又接著看成人看的書。

馬斯洛在青年時代比較奮進。讀碩士的時候，他按照導師指定的方向寫了篇學位論文，寫得很用心，導師覺得很好，學位論文輕鬆過關。不過馬斯洛並不滿意，總懷疑自己論文的價值。雖然他因此獲得了學位與尊重，但實在滿足不了他的認知需求和自我實現需求。後來，馬斯洛溜進圖書館，竟把自己的論文偷了出來。不過，他的導師還是把這篇論文發表了：寫得好就得讓大家知道啊！

　　馬斯洛的中年時代也是很理想化的。馬斯洛在本科、碩士和博士階段做的基本都是行為主義研究，當大學老師以後，開始做一些諮詢工作，他的變態心理學課程深受學生歡迎。作為一位大學老師，他的生活可以說是很滋潤的，心理的基本需求也都得到了滿足。但是不久，馬斯洛的研究和努力方向又開始轉變了。

　　珍珠港事件發生後不久，有一次他開車回家，遇到了遊行的隊伍，看到衣衫破爛的軍人、童子軍，麻木的人流，飄揚的旗子……馬斯洛不禁淚流滿面："我覺得我們並不瞭解希特勒，也不瞭解德國人，我們不瞭解他們中的任何人，如果我們能瞭解他們，我們就會取得進步。"他幻想能有一張"和平圓桌"，大家聚在一起討論人性、和平以及兄弟情誼，而不是彼此殺戮。正是在那個瞬間，馬斯洛立下志願：放棄當前的研究內容，要為那張"和平圓桌"發現一種心理學，"要把論文寫在大地上"，要研究人民群眾的心理學。後來，他改變了心理學的研究走向，提出了人本主義心理學，弘揚人性之善與自我實現成了他終身的研究目標。

　　從馬斯洛的求學以及研究經歷來看，他從來沒有把心理學當成自己的謀生工具，沒有利用心理學滿足自己的低層次需求。實際上，心理學是他體驗世界的途徑，也是他滿足高層次需求的所在。

到了老年，馬斯洛在快退休的時候接了個好工作：一家公司聘請他做研究員，為他提供研究經費，薪水很高，配備了名車，還有私人辦公室，工作任務是什麼呢？他想研究什麼就研究什麼。

面對如此優厚的待遇，馬斯洛愉快地接受了，去這家公司上班了。什麼大學教授、美國心理學會會長，什麼尊重需求、自我實現需求，這些就暫時放到一邊吧。也不管什麼需求層次了，養老就是終極需求，都這麼大年紀了，就別折騰了，他是人，不是神。

有意思的是，這段基本上與心理學無關的故事被很多《心理學史》教材都寫進去了，可見這些編者學人，包括筆者本人，是多麼羨慕馬斯洛的退休生活啊！

"高峰體驗"究竟是一種什麼體驗

在馬斯洛需求層次理論中，最高層次的需求是自我實現需求，而人們在達到自我實現時感受到短暫的、豁達的、極樂的體驗，就是高峰體驗。這是一種趨於頂峰、超越時空、超越自我的完美體驗，這種體驗仿佛與宇宙融合了，是人自我肯定的時刻，是一種超越自我、忘我且無我的狀態。那麼，高峰體驗究竟是什麼樣的？我們仍用馬斯洛的故事來說明一下。

馬斯洛年輕的時候愛上了自己的表妹，但他生性靦腆，不知如何開口，只能每天往表妹家跑。後來他回憶當時的場景，說自己愛著表妹，當面又不知道說什麼，心中還總想著男歡女愛的事，一時間場面非常尷尬。對於年輕人的"那點事兒"，過來人一看就明白。他未來的大姨子在旁邊看著都替他們著急，後來實在看不下去了，就鼓勵馬斯洛："去啊！去吻她啊！"馬斯洛猶猶豫豫地去吻了表妹，讓他沒想到的是，表妹也回吻了他。這就是馬斯洛的高峰體驗——他的初吻和初戀。之後，兩個人幸福地生活了一輩子。

當然，高峰體驗不僅表現在兩情相悅的場景中。用馬斯洛的話來講，它還"可以來自愛情、和異性的結合，來自審美感受（特別是對音樂）；來自創造衝動和創造激情（偉大的靈感），來自意義重大的頓悟與發現，來自女性的自然分娩和對孩子的慈愛，來自和大自然的交融（如在森林裡，在海灘上，在群山中），來自某種體育運動（如潛泳，或翩翩起舞時）等等"。

馬斯洛對自我實現的建議：四種態度和三個"不"

尼采曾說："成為你自己。"馬斯洛的自我實現說的就是，一個人能夠成為什麼，他就必須成為什麼，他必須按照自己的本性引導自我成長。通俗地說，**自我實現就是充分發揮一個人的潛能。**

1967年，馬斯洛發表了《自我實現及其超越》，他在文中提出了趨向自我實現的一些具體建議，我們這裡可以用"四結合"和"三不"來標記。所謂**"四結合"**，指的是面對各種問題時的4種態度：

一是直面問題。這要求我們在生活中能勇於探索、反躬自問和承諾責任。

二是反求諸己。這需要我們"傾聽自己生命內在衝動的呼喚"，讓自我顯現出來。就是讓自己的天性、潛能自發地顯現出來，使之成為行動的最高法則。人並不是一堆待塑的泥土，而是一種內含無限潛能的主體性價值存在。要達到自我實現，關鍵不在於外人或其他外在因素，而在於首先要求助於自己。

求助自己，傾聽心聲，這樣的例子有很多。當年，賈伯斯在設計手機時，並不是使用者需要什麼就生產什麼，而是聆聽自己的心聲，"follow your heart"：我覺得使用者需要什麼，便設計什麼。結果，賈伯斯推出了跨時代的電子產品：iPhone。

三是選擇成長。人在一生中會遇到各種各樣的選擇。馬斯洛說："面臨前進與倒退、成長與安全之間的選擇時，要選擇成長而不是選擇防禦，力爭使每一次選擇都成為成長的選擇而不是倒退。"根據馬斯洛的觀點，人不要選擇守勢，而要採取攻勢，要永遠向前。人生如逆水行舟，不進則退。另外，不要在逆境中沉淪。馬斯洛的人生選擇也是如此，他提出的基於人性善的人本主義理論，在當時並未得到學界的認同。他多次夢到自己被美國心理學會除名，不過醒來後，他依然堅持自己的學術理論，直到這些理論最終被認可，被傳播，之後影響了千千萬萬的人。

四是忘我之境。自我實現意味著一個人需要充分地、活躍地、忘我地體驗生活，全身心地獻身於某一件事而忘懷一切；同時也意味著進入完完全全成為一個人的自我實現時刻。因此，人應該經常全身心地專注於某一件事情、某一項使命，徹底丟棄偽裝、拘謹和畏縮，真正進入"忘我"的主體狀態。關於"忘我"的狀態，今天更為流行的專業說法叫"心流"（flow），後文我們再來詳細討論。

馬斯洛認為，自我實現的人在每次選擇到來的時刻，都能將以上4種態度結合起來，處理好相關的大小事件。

所謂**"三不"**，主要包括：

不斷進取。要趨向自我實現，人必須不斷進取。自我實現不是一種結局狀態，而是在任何時候、任何程度上實現自我潛能的一個過程。這意味著，實現個人的價值往往需要勤奮和努力。

不戀高峰。高峰體驗是自我實現的短暫時刻。馬斯洛認為，高峰體驗是善的，也合乎需求，每個人在生活中都可能會碰到這樣的時刻。不過，它只代表著自我實現的輝煌時刻，而非全部過程。因此，人不能停留或迷戀於此，必須不斷進取、不斷超越，努力認識自己、發現自己、實現自己。

不背包袱。人要識別出哪些心理是自己的防禦心理和精神負擔，並有勇氣放棄不良的防禦。馬斯洛認為，人本主義心理學應該揭示整體人性，引導人們擺脫精神負擔和心理負擔，給人們指明一條自我實現的光明道路，這才是其理論的意義所在。

總之，自我實現的人是我們應當追隨和效仿的楷模，他們代表著人類努力的方向，體現了人性能到達的境界，我們可以通過"四結合"和"三不"等途徑達到這種境界。

最後，來講一則關於馬斯洛的小故事。據說有一次，馬斯洛在課堂上問他的學生："你們當中誰認為自己將取得偉大的成就？"學生們面面相覷，不知如何回答，茫然地看著馬斯洛。這時，馬斯洛反問道："除了你自己，還能有誰呢？"

是啊,限制我們發展的,只有自己,別人根本阻止不了我們前進的腳步。而能取得成就的,除了我們自己,還能有誰呢?馬斯洛給了他的學生這樣的信心,我們也要有這樣的信心。

QUESTION 04

想要改變行為，就跟行為設計的祖師爺學一學

要想培養某種行為，需要在該行為出現時給予各種"好處"。而想要減少某種行為，就需要在該行為出現時減少各種"好處"，甚至給予懲罰。

解惑大師

最佳解方

通過適當的強化可以塑造個體的行為。

斯金納

BURRHUS SKINNER

研究「行為主義」心理學家

許多男性在小便時都會肆意"揮灑",導致尿液外濺。為了解決這一問題,有人在小便池上雕刻了一隻蒼蠅的圖案,結果大大減少了尿液外濺的現象,因為男性再來小便時,會對準蒼蠅的圖案。有些人天天喊著"我要一個月瘦20斤",結果往往不容易成功,因為目標太大了,容易讓人絕望;反而是每天要求自己做一個伏地挺身的人最終減肥成功,因為目標簡單,容易堅持,日積月累,反倒養成了鍛煉身體的好習慣,最終減肥成功。

　　在當下這個時代,要實現目標,我們需要進行行為設計,而良好行為習慣的養成不能只靠美好的願景,還要懂得背後的原理與方法。"強扭的瓜不甜",不符合人內心需求的行為塑造只能遭到批判與抵觸;而當我們掌握了心理規律之後再進行行為設計,往往事半功倍。

行為設計祖師爺提出改變行為的秘訣

談到行為設計，追根溯源，其理論與實踐的先驅是行為主義大師伯勒斯・斯金納（Burrhus Skinner）。斯金納是新行為主義的主要代表人物，是繼約翰・華生（JohnWatson，行為主義創始人）之後最偉大的行為主義者。

他在 44 歲的時候就被寫進了心理學史，曾是美國科學院院士，獲得美國政府頒發的最高科學獎 —— 美國國家科學獎，《時代週刊》當年稱他是"尚存於世的最具影響力的心理學家"。2002 年，在美國心理學界進行的投票中，斯金納的影響力在"20 世紀最著名的 100 位心理學家"中排名榜首。

其他心理學家難以企及的一點是：斯金納的研究從動物行為起步，一直拓展到文化設計、社會改造，從理論基礎到實際應用都有涉獵；而且他的研究以實證為基礎，他親自設計了許多實驗裝置，開拓了新的研究模式，向大眾展現了新的心理學。

除了是一名嚴肅的心理學家，斯金納也很擅長進行自我宣傳。他上電視、寫小說，一直在媒體中保持熱度，獲得人們關注的同時，也引發了爭議。比如，斯金納第一次上電視時就引出了蒙田的那個問題："如果在燒掉自己孩子還是自己的書籍之間做出選擇的話，我願意先燒掉自己的孩子。"結果輿論一片譁然："心理學家要燒孩子啦！"斯金納既博了眼球，又宣傳了他的思想與著述。那麼，斯金納究竟有哪些改變行為的秘訣呢？

大 / 師 / 小 / 講

與羅傑斯"約架"

斯金納在學術上有一個"死對頭"，他就是卡爾·羅傑斯（Carl Rogers）。兩人都是心理學界的"大人物"，生活在同一個時代，不過觀點完全不一樣，所以很多人都期待他倆"約架"。這也是大眾喜聞樂見的事。

為了滿足心理學家的粉絲們的心願，1956年，美國心理學會在年會上安排了斯金納和羅傑斯進行辯論。大家都希望兩個人"開撕"，結果在這場歷史性辯論中，兩個人"君子和而不同"，並沒有臉紅脖子粗地大吵一架，而是各自表明了自己的立場，展現了自己的風采，強調了自己的學說，並且都把對方看作是值得尊重的對手。斯金納認為，除了羅傑斯，他找不出第二個令他尊敬、既支持又反對的人。

雖然斯金納和羅傑斯沒有"撕"起來，也都收穫了眾多粉絲，但粉絲都希望"自家偶像"能佔上風，於是美國心理學會又安排兩個人在另外的場合進行了一次辯論，實質上還是希望雙方"開撕"。在這次辯論中，斯金納講了一個段子，調侃了羅傑斯：

"羅傑斯平時不怎麼熱衷打野鴨，但是有一次，有人拉他一起去打野鴨。他和一些朋友在黎明時分來到了一處隱蔽的地方。天氣很陰冷，野鴨卻遲遲不出現。如果再晚一點，就過了適合射擊的時間了。直到最後，一隻野鴨飛了過來，朋友讓羅傑斯射擊，他照做了。同一時間，在幾百碼開外的岸邊，另一個人也朝這只野鴨開了槍。野鴨'啪'地落在地上。

羅傑斯從埋伏的地方走出來，向野鴨走去。另一個人也從埋伏的地方走出來，向同一只野鴨走去。他們同時趕到。羅傑斯轉向那個人，說：'你覺得這是你的野鴨。'（大笑）我之所以想起了這個故事，是因為最後羅傑斯把野鴨帶回了家。（笑）我要盡我最大的努力避免類似的情況在我身上發生。（笑）"斯金納的笑話屬於心理學業內的段子，你可能聽不出笑點，這很正常，就好比網上流行的程式設計師段子，外行人士聽起來可能費勁。我略做解釋：

斯金納假想羅傑斯說，"你覺得這是你的野鴨"，說的其實是羅傑斯在心理諮詢中常用的方法，即共情理解，也就是表明自己對對方的想法感同身受。有意思的是，羅傑斯也是這麼想的，是一種雙關的表述。

斯金納接著說，最後"羅傑斯把野鴨帶回了家"，說的其實是在羅傑斯的療法中，本來應該以當事人為中心，宣導助人自助；但故事中的羅傑斯暗藏私

> 心，影響了對方，自己獲得了最終的利益，在表述上就造成了矛盾和衝突。
>
> 最後，斯金納表示要盡最大的努力避免類似的情況發生在自己身上，他表面上說的是不能讓羅傑斯奪走野鴨，實際上是向大家說明，他不同意羅傑斯的人本主義觀點，他有自己的主張；但由於羅傑斯那套共情理解的心理諮詢技能太強大了，他自己得注意，不能讓羅傑斯把自己帶偏。

段子一拆解，就沒多大意思了，但段子中隱含的不同心理學理念之爭的確是真實存在的。

斯金納主張的行為主義與羅傑斯主張的人本主義的最大分歧在於對行為原因的解釋。行為主義理論認為，環境等客觀因素決定了人的行為；而人本主義理論則認為，人的內在心理過程等主觀因素決定了人的行為。

舉個例子，就你買本書的原因來說，羅傑斯會認為是你自己感興趣，你的價值觀決定了你的學習熱情，你本身就對心理學感興趣。斯金納則會認為，你對心理學的興趣不是與生俱來的，而是源於過去的某種外界因素與經歷，比如以前研習過某些心理學課程，想進一步瞭解；又或者是你的某個原來很開朗的好朋友不知怎麼就抑鬱了，你想要更多地瞭解其中的原因。

要想培養某種行為，需要給予各種"好處"

斯金納的研究是在巴甫洛夫和華生這兩位行為主義開山鼻祖的研究基礎上展開的，他繼承了兩人的思想並將其發揚光大。和華生一樣，斯金納也主張不搞意識、心理等說不清道不明、玄而又玄的概念，而應該研究行為。那麼人的行為究竟是從哪裡來的呢？

斯金納設計了以他的姓氏命名的裝置——"斯金納箱"，並用它來展開研究。在這個裝置中，有一隻老鼠，如果它偶然間按下一個按鈕，就會出現一粒食丸。有吃的，老鼠當然高興，於是不停地按，不停地吃，後來它"學會"了這一招，只要把它放進斯金納箱，它就去按按鈕。

據此，斯金納提出了有機體行為形成的操作性條件反射理論。他認為，對人的行為起作用的有以下 3 種因素：遺傳因素、環境刺激和行為結果刺激。在剛才提到的實驗中，老鼠天生會動，屬於遺傳因素；裝置中有按鈕，屬於環境刺激；按按鈕後出現食丸，這屬於行為結果刺激。行為結果刺激既可能促使行為重複發生，也可能導致行為減少或停止，這就是強化作用。

斯金納認為，人的一切行為都是強化作用的結果。什麼意思呢？通俗點說，對於一種自發的行為，給它"好處"，就會增加其發生的概率；不給"好處"，就會降低其發生的概率。所以，無論是"好"的行為還是"壞"的行為，它們能形成，都是因為得到了某種"好處"。我們用一個例子來說明，比如為什麼全世界的嬰兒都最先叫"媽媽"（mama）？

原因之一是，"媽媽"這個詞是由輔音 m 和母音 a 組成的，它們對嬰兒來說最容易發出來；此外，更重要的是，當嬰兒無意識地喃喃自語，無意中將 m 與 a 拼在一起，發出"媽"的音後，嬰兒的媽媽會非常激動，她會歡喜地抱起嬰兒親了又親。嬰兒一開始其實是沒有多大感覺的，更多的是感覺莫名其妙：為什麼這個人會如此激動？

幾次之後，嬰兒逐漸意識到，只要一發出"媽"的音，這個人就會滿足自己的需求；於是當他有需求的時候，就會發出"媽媽"的聲音。後來，嬰兒又發現，只有自己面對這個人的時候，"媽媽"的聲音才更起作用。

最後，嬰兒一見到她，就叫"媽媽"了。所以，從這個意義上說，孩子叫"媽媽"其實起源於親子間的"誤會"。

用斯金納的理論來說，孩子最後都叫自己的母親"媽媽"，是因為叫"媽媽"讓他們得到了好處。所以，這種行為會被不斷強化，最後形成了特定的行為模式。

當然，有人可能會問："為什麼嬰兒最先叫的不是'爸爸'？我家孩子最先叫的就是'爸爸'。'爸'這個字的發音也很好發啊。"這是從成年人的角度來說的。從技術上講，b 屬於塞音，要求發音時突然爆破，比較難發；而發 m 時會閉合口腔，讓氣流從鼻腔流出即可，相對簡單。從研究上講，有心理學者專門觀察過，最後確認嬰兒最先叫的是"媽媽"。

當然，孩子最早發出"媽媽"的聲音還有一個條件，就是得有一位關心孩子、照顧孩子的媽媽，如果孩子不是由媽媽親自照顧，孩子叫"媽媽"時沒有得到任何"好處"，也就是未及時得到強化，那麼孩子叫"媽媽"的這一行為就會延後。因此，先叫"爸爸"的孩子通常是因為他們都有一個敏感且善於照顧自己的爸爸，甚至比媽媽還心細。叫"爸爸"這一行為被強化得早且及時，所以孩子先叫"爸爸"了。

好的行為得到"好處"，該行為得以增強；反之，一些孩子之所以養成壞的行為習慣，是因為他們的壞行為得到了某種"好處"。比如我們常常會在大型超市中見到在地上打滾的孩子，孩子的媽媽滿臉窘迫。孩子為什麼會打滾，他不知道地上涼、地上髒嗎？他當然知道。那打滾有什麼好處呢？因為上次他打滾，媽媽滿足了他的需求，給他買了他想要的玩具。所以這次來超市，媽媽不給買他要的東西，便故技重演，又開始撒野打滾了。

再比如，一些網路公司鼓勵員工自願加班，因為強制加班不得民心，所以各企業便"各顯神通"：五點半準時下班，公司安排車送到捷運口；六點半下班，安排公司大巴送回家；晚上 8 點下班，公司提供免費的自助餐；晚上 10 點之後下班，可以報銷計程車費⋯⋯不強制加班，但加班給的各種

"好處"又讓員工不得不加班。

無論對幼兒還是學生,又或是員工來說,原理都是一樣的:**要想培養某種行為,需要在該行為出現時給予各種"好處";而要想減少某種行為,就需要在該行為出現時減少各種"好處",甚至給予懲戒。**

就這樣,斯金納找到了行為塑造的秘密:**通過適當的強化可以塑造個體的行為。**斯金納也親自操刀,來展現這一理念的應用。他曾成功地教會鴿子打乒乓球、彈玩具鋼琴,甚至教鴿子對導彈進行控制和導引至預定的目標和軌道。同樣,他的理論也能應用於人類,如教育教學、行為塑造與行為糾正。此外,他還希望將自己的理論應用於組織建構與社會改造。

通過文化設計
可以控制個體或群體的行為

斯金納從研究老鼠出發,最終對人類行為進行了預測和控制,以期通過行為科學解決各種組織與社會問題。

斯金納認為，有機體的行為是經過3種不同的"變異──選擇"而形成的：第一種是達爾文所說的"自然選擇"，它促成了各種動物的不同行為；第二種是行為分析所說的"強化"，它促成了我們在日常生活中見到的富有可塑性、極富變化特徵的行為；第三種是文化演變中留傳下來的"社會環境"，它促使各種不同的文化鼓勵不同的行為模式。

斯金納的研究物件從最初的"自然選擇"行為擴展到人類的"強化"行為，再擴展到"社會環境"行為。

行為控制可以分為個體控制和群體控制。

個體控制取決於個體自身具有的條件和掌握的技巧。"強者訴諸武力，富有者借助金錢，美女運用美色，懦弱者依靠諂媚，悍婦使用令人厭惡的刺激……以此來達到控制的目的。"相較於群體控制，個體控制的力度較弱。可供選擇的手段包括操控外在刺激、利用強化、實施厭惡與懲罰、剝奪與饜足等。

群體控制可選擇的手段更多，包括政府和法律、宗教、經濟、教育、心理療法等。斯金納還提出了"文化設計"的概念，這也是控制人類行為的一種大膽設想。

斯金納相信，他的強化理論在文化環境中也適用，並且認為，文化本身就是強化情境：文化鼓勵一些行為，而排斥另一些行為。

比如，在中國文化中，女人哭顯得楚楚動人，大眾是認可的；而男人哭則顯得婆婆媽媽，會受人鄙夷。兒童誕生於某種文化中，就像一個有機體被放置於某個實驗場所中；設計一種文化就像設計一個實驗場景，需要通過各種列聯表[1]記錄其效果。

如果人們能像做實驗那樣設計社會文化環境，就能產生某種預期效果。斯金納將這種以操作強化的行為原理來進行文化設計的方式稱為"行為工程"。一個組織通過文化設計的行為工程，就能影響和控制組織成員的行為；一個社會通過文化設計的行為工程，就能影響和控制社會成員的行為。

從根本上說，斯金納是一個強調頂層設計的人。他設計了研究老鼠的"斯金納箱"、保育女兒的"育兒箱"、教學機器以及社會組織的控制模式，他甚至根據自己的理論寫了

編者注

[1] 描述變數之間相互關係的一種頻數表。

一本小說，叫《瓦爾登湖第二》（Walden Two），描繪了一個按照他的理論構建的和諧社會。後來，他的"鐵粉"竟然真的在維吉尼亞州組建了"雙橡樹公社"（Twin Oaks），這家公社現在還在。不過，當下的社會形態已經和斯金納當初的設計有很大的不同了。

有意思的是，斯金納本人認為，他在文化設計中暢想的社會更有可能在中國實現。晚年的時候，斯金納一直關注中國的發展，想來中國看看，但一直未能成行，成了一件憾事。假如他真的來了，他會不會因此改變和修正自己的觀點呢？

人的行為養成，要依賴環境的刺激和強化作用

社會通過頂層設計來實現和諧有其可取之處，但必然會帶來一個問題：個人的自由和尊嚴去哪兒了？在一個理想的社會中，人應該是獨立自主的，人可以通過意識自由地控制自己的行為。

對此，斯金納早有準備，他旗幟鮮明地表示，"自由意志"、"選擇自由"之類的說法都是鬼扯。人的絕對自由是不存在的，任何人無時無刻不處於環境的控制之中，人的行為都要受到各種刺激的制約，也會受到各種行為後果的影響。用斯金納的話來講就是，**人的行為都依賴一定的環境刺激和強化作用**，都處於一定的客觀依存關係之中。

我們通常所說的自由不過是擺脫了有害或不利控制，並非擺脫了一切控制。因此，問題的關鍵在於，人類應該如何避免和改變環境中對自己不利的控制因素，促進和完善有益控制。

同樣，人也沒有絕對的尊嚴。人認為有至高無上的尊嚴，是因為人自以為人類文明的一切成就皆出人的自由意志，是人自身創造的結果。但事實上，由於人並非自由，人的所做所為不過是環境中各種客觀依存關係的作用所致，因此人的絕對尊嚴是不存在的。人的尊嚴感都產生於他人對自己的褒獎。

總之，從遺傳方面講，人會受文化演變和生物進化的限制；從強化作用方面來講，人的行為都是被動的。因此，人擁有絕對的自由和尊嚴的說法是站不住腳的。傳統的人文研究把人當成神,以主觀感受來判斷價值,掩蓋了人類行為的真正原因,阻礙了人們對人類行為進行客觀的科學分析,因此成了人類進步與發展的障礙。

這麼說好像有道理,不過,一些人仍然擔心,羅傑斯就說,斯金納"嚴重低估了權力問題。行為科學使得一些人可以對另一些人進行操控,有人希望科學家們或某個善意的集團能夠成為這樣的操控者。但我認為,久遠和不久前的歷史都不支持這樣的願望……如果行為科學家只關心將他們的科學推而廣之,很有可能他們會為任何當權的個人或集團效力,而不管權力掌握在誰的手中"。確實,假如行為科學被獨裁者或陰謀家利用了,那該怎麼辦呢?

斯金納對此的解釋是,行為技術是中性的,既可以被惡棍利用,也可以為聖人採用。這樣,在文化設計過程中就會產生控制者與被控制者之間的關係問題。

斯金納對文化設計者的要求是他們必須考慮到兩點:一是安排有效的反控制,使控制與反控制之間保持平衡;二是使控制者也成為其所控制的群體中的一員,即控制者也是被控制者。只有這樣,我們才能避免控制者濫用控制權。

斯金納，就像他的英文姓氏展現的那樣[2]，剝開了傳統人文研究給人製造的美好想像的畫皮，揭露了人的自由與自尊的實質。縱然讓人不舒服，但我們不得不服。

不過，斯金納構想的新社會有些理想化和簡單化，現實生活比他設想的要複雜得多。還記得前文說的嬰兒叫"媽媽"的例子嗎？在解釋嬰兒為什麼叫"媽媽"的例子中，利用斯金納的行為主義理論得心應手，但養過孩子的都知道，嬰兒說話不是一句一句學的，終究會有一天，他們好像突然開悟了，一下子進步許多，這顯然不是逐漸強化的結果，其實是人內在的語言結構被喚醒了。提出這一觀點的是當時還年輕的一位心理學家，他就是後來為人們熟知的語言學大師諾姆・喬姆斯基（Noam Chomsky），喬姆斯基的聲名鵲起也意味著斯金納的影響進入尾聲。

斯金納是一個長壽的人（1990年去世，享年86歲），目睹了新行為主義的興起、繁盛、紛爭，直至最後的衰落，但他自己卻始終堅持行為主義的理念。從哈佛大學退休後，

編者注

[2] A Skinner，skin（皮膚）這個單詞加 er，有"剝皮者"的含義。

斯金納退而不休,每天還會去辦公室,回個信,見個粉絲,寫點自傳……他還有個愛好 —— 統計自己文章的引用率。1989 年,他開心地宣布:"我的引用率第一次超過了佛洛伊德。"

. QUESTION .

05

為什麼很多心理測驗給人的感覺很準

當人們用一些含糊不清、含義廣泛的形容詞來描述一個人時,這個人往往很容易接受這種描述,並認為描述的就是自己。另外,人在認知上,有一種尋找證據來肯定自己的傾向。

解惑大師

最佳解方

想認識自己,最好找專業人士做測驗更可靠。

高爾頓

FRANCIS GALTON

研究「自我測試」心理學家

顱相學在心理學發展史上曾經是一門顯學。根據這門所謂的科學，當時的人們通過觀察一個人的顱骨某一部分的長勢來判斷其心理特徵。這門新的"心理科學"的研究者約翰·施普爾茨海姆（Johann Spurzheim）曾受邀出席哈佛大學與耶魯大學的畢業典禮，並在一些醫院和大學進行了多場演講，大受歡迎，粉絲眾多。同時，一些文學作品中也充斥著基於顱相學的描述。例如，夏洛·勃朗特（Charlotte Brontë）作品中的男主角常常是大腦袋、高額頭的聰明人，而反派則尖腦袋、小眼睛。亞瑟·柯南道爾（Arthur Conan Doyle）塑造的福爾摩斯也是根據大號帽子推斷出帽子的主人有著高智商。

　　除了對文學作品的影響，顱相學也影響了一些人的實際生活，比如達爾文。當年，達爾文登船開啟進化論發現之旅的時候，船長死活不讓他上船，因為根據顱相學，達爾文鼻子太大，說明他決心不大，人靠不住。當然，後來他死纏爛打還是上了船，不然我們今天就不知道進化論了。

那麼，顱相學為什麼會讓人感覺準？當下的心理測驗受歡迎與顱相學有關嗎？

達爾文表弟開啟了心理測驗研究

其實，心理測驗與顱相學還真有關係。

首先，顱相學當年就是在學院內進行研究的，換句話說，當年，有一些心理學家真的認為人的外部形象與智力、性格之間有關聯。比如，研究腦科學的皮埃爾・保羅・布羅卡（Pierre Paul Broca）認為，男人在一些測驗上的表現比女人要好，是因為男人的腦袋比女人的腦袋大；德國的精神病醫生恩斯特・克雷奇默（ErnstKretschmer）則將體型與性格心理聯繫起來，他認為矮胖型的人外向，容易暴躁；瘦長型的人內向，容易精神分裂；強壯型的人容易衝動等等。所以，前文提到的那位船長通過外貌來判斷達爾文靠不住，在當時也算是有一定專業依據的。

其次，在心理學領域，最早研究心理測驗的就是達爾文的親表弟：法蘭西斯・高爾頓（Francis Galton）爵士。

高爾頓何許人也？說起來，他的身份比較複雜。除了是一位心理學家，他還是人類學家、優生學家、熱帶探險家、地理學家、發明家、氣象學家、統計學家和遺傳學家。總之，高爾頓是一個典型的"斜槓青年"。

對於高爾頓，可以用兩個詞來概括：天才和貴族。

高爾頓 3 歲識文斷字，5 歲閱讀英文文獻，7 歲就開始讀莎士比亞的作品了。後來，有心理學者推測高爾頓的智商應該達到了 200。什麼概念呢？一會兒再解釋，反正就是很厲害了。

此外，高爾頓年紀輕輕就繼承了巨額財產，大學沒畢業已經實現財務自由了。而且，高爾頓愛好什麼、研究什麼，沒人管，他家裡就有圖書館，裡面的書都是作者們自己送過去的。

說起高爾頓研究心理測驗，原因也很有意思。本來，對於一個沒有人拿過大學學位的貴族家庭來說，家裡出了個天才兒童，自然會成為"全家人的希望"。高爾頓的父親希望他能成為一個有學問的人，光宗耀祖。不過，高爾頓在大學念得並不順暢，由於競爭激烈，他的學業和身體狀況都表現一般,後來不得已退學。之後,他遇到了一位顱相學家,這位顱相學家跟他說:"你這頭型啊,不適合搞學術,還是去外邊轉轉吧。"

對有錢人來說,轉轉肯定不是去什麼郊區公園,當然要找"詩和遠方",高爾頓去了非洲旅行。"聰明的大腦"閒得難受,旅行途中,他竟然繪製出了納米比亞地區的第一幅地圖,被英國皇家地理學會授予最高勳章;之後他又出版了關於旅遊探險的專著,成了一位公認的野外旅行專家。他也找到了自己的終身愛好:測量。

高爾頓先是測地理,由於成果突出,35歲當選英國皇家地理學會主席;然後測天氣,他發明了氣象圖,成為氣象學家;接著測公眾對科學講座的厭倦程度;測宗教祈禱的作用,結果發現無效;測英國哪裡的女人最美麗,畫了"大不列顛美女分佈圖"……

最後,當高爾頓得知表哥達爾文在進化論中提出了個體差異的問題時,他的興趣轉向了心理品質測量,即如果人與人之間存在個體差異,那麼我們就應該對這種差異進行測量並記錄和分析。這最終成了高爾頓的畢生使命,心理學的心理測量研究也由此開啟。

心理測驗從智力測驗而來

▶ 高爾頓首創智力測驗

高爾頓首先希望開展的是智力測驗。他認為，一個人的智力取決於感覺的敏銳程度，因為人類只能通過感覺認識世界。因此，一個人的感覺越敏銳，就可以推測他越聰明。

因此，高爾頓創建了一間"人類測量實驗室"，目標是測量智力。那麼，該怎麼測呢？作為一個有錢人，想到什麼就測什麼吧。所以在實驗室裡，高爾頓對他能想到的各種指標都進行了測量，包括頭顱大小、兩臂伸展長度、站高、坐高、中指長度、體重、手握力、肺活量、視敏度、聽敏度等。他一共測量了近萬人，收集了大量資料。高爾頓的測量工作涉及一些他認為反映感覺敏銳程度的內容，也就是他認為的智力的內容。這些工作是智力測驗的開端，也是心理測驗運動的起始。

另外，由於高爾頓認為智力源於感覺，而感覺則源於遺傳，那這麼說來，智力就是遺傳的啊！所以，高爾頓研究了法官、政治家、文學家等各個領域的名家，並拿他們與普通人做比較，結果發現，"龍生龍，鳳生鳳，老鼠兒子會打洞"，傑出的人的後代確實更有可能傑出。當然，有人提出質疑：這些傑出人物的家庭環境不一樣啊，智商高的人往往生活條件好，能養育好寶寶啊！

　　確實存在這個問題，後來，高爾頓就展開雙生子研究，也就是對雙胞胎進行研究。同卵雙胞胎的遺傳是一樣的，如果分開養育，那麼他們的生活環境就不一樣了。高爾頓經過研究發現，即使是分開養育，同卵雙胞胎也彼此相似；而對於異卵雙胞胎，即使一起長大，彼此也不相同。因此，遺傳的作用是非常大的，正如斯坦利·霍爾（Stanley Hall）所說："一兩的遺傳勝過一噸的教育。"

　　既然智力是遺傳的，那麼為了人類的未來，應該鼓勵聰明人結婚，限制不聰明的人啊！所以高爾頓提出了"優生學"，建議政府推出政策，要求夫妻以科學的方式配對，政府給予他們金錢鼓勵，並支付他們下一代的費用等等。對於這件事，學術上有基礎，結論上很悲觀，政策建議上可以說是非常"政治不正確"。

　　高爾頓可以稱得上是心理學歷史上的"首創之王"，他開創的研究包括天賦與教養研究、雙生子研究、詞彙聯想測

驗、問卷研究、表像研究、相關的統計技術研究等,當然也包括我們今天說的智力測驗。 說到智力測驗,高爾頓的觀點在今天看來是有一些問題的。比如,他的智力測驗中包括聽覺、視覺等多種感覺的測量,心理學家羅伯特・斯滕伯格(Robert Sternberg)就曾調侃道:"如果聽覺測驗也可以用來測定智力的話,那家裡養的貓要比我們聰明多了。"

雖然高爾頓開啟了心理測驗的大門,但他的工作不代表心理測驗的終點。有人總結了心理測驗先驅的工作,並認為,就心理測驗而言,前30年可以分成以下3個階段:19世紀80年代是高爾頓的10年,19世紀90年代是詹姆斯・麥基恩・卡特爾(James McKeen Cattell)的10年,20世紀前10年則是阿爾弗雷德・比內(AlfredBinet)的10年。

高爾頓的故事與理論說完了,接下來我們來說一說卡特爾和比內。

▶ 智力測驗沿用至今

卡特爾是美國人,本來是"心理學之父"威廉・馮特(Wilhelm Wundt)的學生。馮老先生正統的心理學研究的是人的一般規律,對個體差異不感興趣。但卡特爾學成之後，對當時高爾頓的"偏門"研究——人的個體差異產生了興趣。他先是與高爾頓通信，後來覺得不過癮，又申請了劍橋大學兩年研究員的職位，之後到歐洲專門向高爾頓學習。卡特爾很崇拜高爾頓，繼承了他的測量思想與學術觀念並將其發揚光大，之後帶到了美國。

在測量方面，卡特爾整理並開發了一些測驗，正式提出了"心理測驗"這一專業術語，並在大學生入校時對其進行智力測驗。與此同時，卡特爾也繼承了優生學的思想，他自稱"高爾頓的門徒"，也提出應該鼓勵優秀人才相互結合，並且多生多養，為人類做貢獻。他自己以身示範，帶頭生了7個孩子，而且他鼓勵自己的孩子，找對象要找聰明人：如果到時候自己的孩子能與大學教授的子女結婚的話，他答應會給他們每人1000美元作為獎勵。

比內是法國心理學家，他原來是研究催眠的，曾聲稱通過磁力在人體不同部位的移動，可以控制被催眠者的症狀和感覺，但後來的研究證明，他的研究錯了，磁力沒那麼神奇，在催眠中起作用的只是暗示而已。這種挫敗的經歷讓比內感覺很鬱悶，他便開始尋找新的學術突破口，結果想到了智力測驗。

不過，比內和高爾頓以及卡特爾不同，他認為後兩人在智力測驗中過於強調感覺過程了，對高級心理過程重視不夠，即不應該測量感覺敏銳程度，而是直接測認知能力；而且還要研究智力是如何隨年齡發展的。所以，比內和自己的助手希歐多爾‧西蒙（Théodore Simon）一起，編制了一套能夠區分智力正常兒童與智力低下兒童的測驗，並在 1905 年編制了比內‧西蒙智力測驗量表。這個量表一直沿用至今。

我們現在所說的"智商"，就是從這個量表的測量應用中引申出來的一種概念。 什麼意思呢？很簡單，比內‧西蒙智力測驗量錶針對不同年齡階段的孩子有不同的測試題。例如，如果一個 7 歲的孩子把 7 歲這一年齡階段的題目都做對了，那麼他的智商就是 7 除以 7 再乘以 100，結果為 100，即智商為 100，屬於智力正常。而如果一個 7 歲的孩子只做出了 5 歲這一年齡階段的題目，那麼他的智商就是 5 除以 7 再乘以 100，結果約為 71，即智商為 71，屬於低智商。至於高爾頓智商為 200，說明他超出同齡人太多了，所以稱他為天才就不足為奇了。

▶ 心理測驗最後變成了一樁生意

高爾頓、卡特爾和比內相繼開發出了智力測驗的工具，後來，其他心理學家繼續努力，不僅測智力，還測人格、人際關係、心理健康……心理測驗逐漸成了心理學應用領域的一個重要突破口。尤其在美國，它得到了廣泛的應用：軍人參軍要測驗；學生入學要測驗；甚至外國人移民美國也要測驗。當年的新移民在紐約上岸之後，會立即接受智力測驗：不合格的會被原路遣返，美國只接收聰明人，不聰明的也不接納。

就這樣，心理測驗逐漸從一門學問發展成為一項事業，最後演變成了一樁生意。

想當年，高爾頓在他的人類測量實驗室，每測1個人，給3便士──不是被測量的人給錢，而是高爾頓給錢。然而，比內之後，人們想測量自己的智力如何，則是要花錢的。正因為心理測驗與專業、經驗、金錢都有關，普通人本能地想更多地瞭解自己，因此心理測驗有很大的市場。

而當測量和生意結合在一起的時候，問題就來了。所以，對於當下國內的心理測驗現狀，一言以蔽之：繁榮且混亂。那麼，怎麼樣才能接受到可靠的心理測驗呢？

網路上的心理測驗可靠嗎

▶ 好的測驗是什麼樣

現在,無論網路上還是網路下,各種各樣的心理測驗進入了人們的生活。"你猜猜我在想什麼?"、"你告訴我,我是一個什麼樣的人?"由於人們對自我認識的渴望,使得許多測驗受到了追捧。那麼,這些測驗可靠嗎?專業的好的測驗是什麼樣的呢?

從心理學專業的角度來說,對心理測驗進行評價,至少要考慮以下幾個指標。

一是信度。信度考察的是測量的穩定性。假如你進行某種測驗,今天的測驗結果說你是一個內向的人,明天的測驗結果又說你是個外向的人,那麼這種測驗就是信度不好,不是好的測驗。

二是效度。效度考察的是測驗是否測出了人們想要的內容。比如你進行某種智商測驗,它以腦袋大小為指標,今天測的結果和明天測的結果相同,說明它的信度很好,但測腦袋大小反映不了你的智商高低，這就是效度不好——測量腦袋大小沒有測出你想要的東西。

三是常模。常模是測驗測得的一般人心理狀況的資料。在智力測驗以及重要的人格測驗、心理健康測驗中，都會提供常模。一個人聰明不聰明，變態不變態，都是和其他人進行比較後得出的結果。用單一的資料就說一個人智商高低、抑鬱或焦慮程度如何，都是無稽之談。好的測驗都會提供常模資料，供測試者比較，從而得出結果。

四是標準化。測驗的產生往往都有業界公認的標準流程，比如依據什麼樣的理念、選擇什麼樣的題目、如何測量、誰來測試、誰來解釋、怎麼解釋……在專業測驗的生成和使用過程中，以上這一系列問題都要考慮到，並且是經過標準化的，就像進行專業的 ISO900 認證一樣。

▶ 網路上熱門的投射心理測驗

按上面的標準，一檢驗我們就會發現，網上的絕大多數測驗，一沒信度，二沒效度，一般也沒有常模，從哪裡來的也說不清楚，因此我們可以做出判斷：不可靠。其實，那些測驗純粹主要是為了娛樂而已。

有一類測驗需要說一下，就是投射測驗，在網路上是最熱門的測驗。其中的原理是，人內心最深處的人格動機往往會對外投射到一些模糊的情境中。所以，心理學家也設計了一些類似的情境供大家測試，如通過墨跡圖形[1]的反應來測試人的人格；通過房樹人[2]的繪畫來測心理健康狀況；通過講故事來測試人的動機等等。**這些測驗很有趣味性，信度和效度指標也有，也經過了標準化，如果讓一位受過訓練的專家來實測和解釋，既有趣又有用，還能讓人有所收益。**

　　還有一些類似的測驗，雖然也採用了這種形式，但並不科學，主要是為了博人一笑。比如，"現在你連續想3個成語……想好了嗎？剛才測試的是你的愛情觀：第一個成語說的是你的初戀；第二個成語說的是你的熱戀；第三個成語說的是你的婚姻。怎麼樣？準嗎？"無論準不準，都不可靠。記住了：凡是直接對你的心理品質做出判斷，而不告訴你判斷依據的投射測驗，都不可靠。比如剛才提到的這個測驗，對方可能會說："我只能告訴你成語預言了愛情，但為什麼預言了，我解釋不清。"這就說明它不可靠。知其然，還要

編者注

[1] 即羅夏墨跡測驗（Inkblot）。
[2] 即房樹人測驗（House-Tree-Person, HTP）。

知其所以然,這是判斷測驗可不可靠的基本指標。

▶ 為什麼感覺測得那麼準

你可能會問了:"不對啊,既然不可靠,為什麼我在做網路上的測驗時感覺那麼準呢?"然後,你可能會忙不迭地要舉例子了。先別著急,我來告訴你為什麼不可靠的測驗也會讓你感覺那麼準。

原因之一是巴納姆效應,又稱福勒效應、星相效應,它是一種心理學現象,最初是由心理學家伯特拉姆·福勒(Bertram Forer)在 1948 年通過試驗證明得出。**巴納姆效應描述的是,當人們用一些含糊不清、含義廣泛的形容詞來描述一個人時,這個人往往很容易接受這種描述,並認為描述的就是自己**。後來,心理學家保羅·米爾(PaulMeehl)為表示對美國"馬戲之王"菲尼亞斯·泰勒·巴納姆(Phineas Taylor Barnum)的敬意,將福勒的實驗結果命名為"巴納姆效應"。

原因之二是自我證實傾向。人在認知上,有一種尋找證據來肯定自己的傾向。無論什麼樣的測驗,最終的解釋會對你做出各種描述,有的正確,有的不正確。但讓你記得住且令你印象深刻的描述，往往是說得正確的那些。這也是很多算命先生算得"準"的重要原因。例如，你去算命先生那裡算命的時候，算命先生做出了很多關於你的判斷，你記住的是他說得對的那些。而對於網路上的那些測驗，雖然不靠譜，但對你的心理把握是靠譜的，畢竟你自己會主動去尋找相關判斷的證據。

所以提醒大家，由於巴納姆效應和自我證實傾向的存在，當心裡不痛快的時候，不要去網路上找測驗自我"診斷"，否則會做一種測驗得一種病。相信我，沒錯的。

▶ 想認識自己，還是要找專業人士

既然這樣，為什麼現在網路上的測驗那麼火紅呢？大家都傻嗎？其實大家都不傻，只是人們追求自我認識、自我提高的動機太強烈了，尤其在自我認知有些迷惘的時候，因此求助各種測驗就是很自然的選擇了。說到這裡，你應該清楚了，為什麼做各種測驗以青年人居多了吧，因為他們正處在一個自我定位不清的年紀。

那麼，我們真的就不能通過網路上的測驗真正瞭解自己了嗎？答案並不樂觀。網路上魚龍混雜，不是說沒有正規的測驗，但由於商業驅動等多種原因，除非是專業人士，否則還真難判斷出網路上測驗的價值幾何。如果你是為了娛樂，在網路上找點感興趣的測驗做一做沒問題；**但如果你真的想通過測驗瞭解自己，甚至對自己的心理問題做出診斷，還是謹慎為好，最好找專業人士做測驗，這樣更可靠。**

前面談到了高爾頓，有些人或許會質疑：智商真的是天生的嗎？遺傳的作用能有多大？舉一個例子來說，在高爾頓及其後來的遺傳和環境作用的研究中，常常進行雙生子研究，史上最有名的雙胞胎是"吉姆兄弟"，他們幼年分開，成年再聚。研究發現：他們倆習性相似，抽煙、喝酒的方式一樣，娶的第一個老婆都叫"琳達"，之後都離婚再娶，第二個老婆都叫"貝蒂"，都給兒子取名字叫"詹姆斯·艾倫"，都養了條狗，取名都叫"特洛伊"……別總抱怨社會了，遺傳的作用比你想像的大，個體努力的空間都有限。

你有沒有發現，讀書以來，老師們很少談遺傳的影響，都在強調後天的努力。這是為什麼呢？原因很簡單，如果老師都不堅信環境決定論，都不相信可以改變一個人，那教育工作不就沒意義了嗎？所以，作為老師，我們自然反對高爾頓，我們是天生的環境決定論者。這樣，人生才有更多希望。希望你也如此。

QUESTION 06

我們什麼時候需要去做心理諮詢

尋求心理諮詢的時機，就是當你的心理煩惱已經無法自癒，甚至影響了你的正常生活。

> 解惑大師

榮格

CARL GUSTAV JUNG

研究「心理諮詢與治療」心理學家

> **最佳解方**
> 可以透過曼陀羅繪畫和沙盤遊戲等心理療法與心靈溝通並獲得治療。

很多關注心理學的人最感興趣的問題可能就是心理諮詢了，但很多人在實際的操作過程中都遇到了問題。比如："我最近壓力大，有點困惑，需要去做心理諮詢嗎？做心理諮詢是不是就等於承認自己有病了？"等到終於決定要去做心理諮詢了又會問："我該去哪兒找可靠的心理諮詢師呢？"

提到心理諮詢，大部分人第一個想到的可能是佛洛伊德，第二個就是卡爾・榮格。我們在第一節課已經"請"出了佛洛伊德，這一節課我想談談榮格。榮格是分析心理學的創立者，繼佛洛伊德之後新精神分析學派的代表人物，也是當下中國心理諮詢界比較喜歡的一個人物。

榮格本人對道教、《易經》等中國文化十分感興趣，他的一些觀念和理論也與中國文化有一些聯繫。因此，許多人熱情地將榮格的著作以及後來發展的沙盤遊戲、曼陀羅繪畫等心理諮詢技術引入了國內。

榮格的曼陀羅和沙盤遊戲心理療法

談榮格離不開佛洛伊德。本來，榮格是佛洛伊德指定的精神分析"王儲"，應該是精神分析新一代的領導核心，但俗話說"吾愛吾師，吾更愛真理"，榮格在一些觀念上與佛洛伊德實在談不攏，再加上一些個人恩怨，兩個人最終徹底斷絕了聯繫，分道揚鑣。

和佛洛伊德鬧翻了之後，榮格眾叛親離，整個人心態不穩，精神也出現了問題，一度備受幻覺折磨而瀕臨崩潰。要知道，幻覺體驗是聽到了、看到了本來不存在的東西，在現在的醫學界看來，這是判斷精神分裂的一個重要指標。也就是說，榮格那時候其實進入了精神分裂狀態。不過，大師就是大師，在這種狀態下，榮格不打針、不吃藥，開始玩遊戲了。

榮格玩的當然不是 iPad，而是他小時候玩過的搭建遊戲，他很愛玩，所以在玩的過程中，他的想像連綿不斷地湧現出來。一段時間之後，榮格發現，當他設法把情感轉化成意象的時候，他的內心就會感到平靜和安寧。既然如此，那就主動點想吧。就這樣，榮格的代表性心理治療手段——積極想像誕生了。

榮格是這樣描述積極想像的：

從任一意象作為起點，全神貫注於此意象，密切觀察這個意象如何展開，如何變化。不要試圖去改變它，以'無為'的態度觀其自發變化即可。依照此種方式貫注於任何心理意象，最終都會發生一些變化。你一定要耐心行事，不要忽然從一個主題跳至另一主題。緊緊抓住你所選取的一個意象並等到它自發變化為止。記下這些所有的變化，讓自己融入意象的發展變化之中，如果這個意象可以說話，那麼就對它訴說你的心聲，並傾聽它的回應。

簡單解釋一下，榮格宣導的是，**當一個人為某件事感到情緒不穩、揪心難受的時候，可以把注意力集中在一個意象上，它可以是一張照片、一個聲音、一幅畫或其他物體，使它變得鮮活起來，然後再面對它，與它對話，並進行反思，最終達到心靈的寧靜。** 在榮格的概念中，積極想像不是我們所說的"想點積極的事"或"心態陽光一點"之類的，而是主動調用心理能量，將情緒賦予意象，它更多的是強調主動並積極地動用自己意識的力量，來展開和無意識的對話。

情緒意象化以後，會形成一種什麼樣的意象呢？沒有方向的胡思亂想可不行。榮格本人及其後繼者由此引出了一系列的心理療法：可以是畫一幅畫，曼陀羅繪畫療法由此而來；也可以是在沙堆上玩搭建，流行於國內的沙盤遊戲療法便接踵而至；甚至可以是黏土塑形、跳舞、寫作，等等。借助一些表達性媒介，後來有人發展出一些充滿意象標記的心理療法，這些心理療法都與榮格最初的積極想像有關。

從榮格的理論發展而來的曼陀羅繪畫，就是當下流行的一種典型的藝術治療手段。通過觀察**個體自由繪製的一些抽象的圓形圖案，即曼陀羅，便可以探查其無意識的心理活動。**榮格認為，這種藝術表現形式是一種自我治療作業，它不僅可以喚醒人們無意識中的沉睡原型，也有助於人們尋找內在喜悅、內在秩序和生命的意義。個體在繪畫中積極想像，從而重新找回自我，完成自我療癒和成長。

而基於榮格理論發展而來的沙盤遊戲療法，已成為國內心理療法的"當紅炸子雞"，許多心理諮詢師都在使用這種方法，許多機構，包括學校的諮詢室也都配備了相關設備。在沙盤遊戲療法中，個體選擇不同的沙具並隨心安置在沙盤中，一個個沙具和一個個情景都成了富於象徵意義的意象。**個體可以通過沙盤遊戲，主動地以某種恰當的象徵性方式把**

無形的心理事實呈現出來，進而體驗並領悟這些意象及其象徵意義，實現對無意識乃至對整體心靈的溝通，從而獲得治療與治癒，實現創造與發展。

不過，使用積極想像以及相關諮詢技術時，有以下兩點要注意。

第一，榮格當初為了專心探討自己的潛意識，有意識地記錄了自己的幻覺狀態，放任自己沉浸於幻覺，並積極誘發自己的幻覺，進行所謂的"與潛意識對話"，從而進行自我分析。對於這一點，大家一定不要學，榮格是大師，有"練過"，能自由地游走於正常意識與幻覺之間，一般沒"練過"的人進入幻覺後很容易回不來，就成精神病了。為什麼藝術家和精神病之間沒有不可逾越的鴻溝？就是因為一些藝術家常常游走於自己的幻象世界，假如哪一天回不來了，就成精神病了。

第二，因為榮格是大師，所以他的心理治療對象是社會成功人士，這些人成就顯赫，社會生活令人豔羨，但對生活失去了熱情，感覺空虛而無意義。所以，除了積極想像以外，榮格的治療思想中也充斥著宗教、占星及中國的禪宗和《易經》等內容，以此來幫助對方建構人生的價值與意義。

所以說，榮格的心理治療理念和技術，既充滿魅力，又暗含危險，一不小心可能會跑偏。

每一種心理療法都有其適應證和適用人群。對一些有錢有時間又有文化的人來說，榮格的心理治療理念和技術可能是適用的，但對一個沒有文化的鄉村老嫗來說，農村"求神問卜"的做法比精神分析可能更有用。因此，在心靈療救過程中，不迷信某個人和某種療法是非常必要的。

那麼，在當今時代，我們應該接受什麼樣的治療呢？到哪裡去找可靠的心理諮詢師呢？在回答這些問題之前，我們先來解決一個普遍存在的問題：什麼時候需要尋求心理諮詢師的幫助？

大 / 師 / 小 / 講

學心理學的是不是都變態？

從榮格本人的成長來看，他簡直就是"思想上的大師、生活中的奇葩"：小時候幻視、幻聽，心情不好時常獨自上閣樓和一個雕塑小人偶說話；曾患抑鬱，長期處於"黑暗時期";經常感覺自己穿越到了古代;把多個來訪者變成情人,而且還帶回家和妻子見面……

榮格似乎是大眾心目中典型的心理學家形象。以心理學家的視角看世人,很多人都是有心理問題的;反之,以普通人的觀點看心理學家,很多心理學家也是不正常的。很多心理學家做心理健康測試,應該也會有異常的結果。以普通人的視角來看這些心理學家,似乎也很有趣:佛洛伊德,把山川河嶽都能看成生殖器,應該有性妄想吧;哈利·哈洛[1],養隻猴子吊起來,肯定是虐待小動物啊;華生,在實驗中把孩子嚇出了毛病,後來孩子見到聖誕老人都哭……

那麼到底誰才是"變態":是普通人,還是心理學家?在一些影視作品中,也很少見到正面的心理醫

編者注

[1] 哈利·哈洛通過以恒河猴實驗為代表的一系列實驗,顛覆性地提出"愛與依戀"對孩子成長的巨大作用。

生形象。《沉默的羔羊》中那個吃人的心理師漢尼拔的形象深入人心。那麼，心理學家為什麼會給世人留下如此印象？為什麼媒體對心理諮詢師的印象如此不堪？

原因其實並不複雜，主要包括以下三方面。

第一，從本質上來講，心理學的研究領域十分廣闊。相對於其他專業，心理學業內人士表現出參差百態的面貌。有些人研究人的注意力或記憶，他們的表現可能更像物理學家；有些人研究大腦的生理機制，他們可能更像生理學家；有些人研究心理學理論流派，他們可能更像歷史學家；有些人研究人在不同文化下的心理特點，他們可能更像人類學家……對於心理學研究，可以從自然科學的角度進行，也可以利用社會科學的方法，這也是心理學的迷人之處。

每個學心理學的人，無論他的個性和喜好如何，都可以在心理學研究領域中找到屬於自己的位置。雖然也許沒有人能説清楚心理學家究竟是什麼樣子，但在現實中，心理學家絕不只是如《沉默的羔羊》等影視作品表現的那種不正常的形象。

第二，任何行業都有其特性。對於心理學，大眾雖然感興趣，但所知不多；學科特性不透明，而且對於有些心理學研究，大眾也不容易理解。因此，從整體上來説，心理學人在大眾面前就自帶神秘色彩。由於大眾不瞭解心理學現狀，經常接觸的又是和心理諮詢、精神疾患等有關的事件，所以在他們心中，心理醫生是一種比較神秘的職業，並認為心理醫生能夠看透人心。

這樣一來，心理諮詢師或心理醫生既令人敬畏，又讓人感到威脅，因為他們能看透你，而你卻看不透他們。所以，一般人在心理上是不平衡的：我內心深處的弱點全讓他們看出來了，而對於他們，我卻什麼也看不出來。

為了尋找一種心理平衡，人們就在影視作品中安排了很多失敗的心理醫生形象。這種形象削弱了心理醫生的神秘感，滿足了一般人的需求，即讓一般人看到了心理醫生不完美的一面。

這其實也是為什麼即使是西方那些心理學發達國家的影視作品，也會對心理醫生充滿誤解。中國人更容易這樣。從這個意義上來說，影視作品對心理醫生的"戲謔"也是類似的心理。即使中國的心理學發展起來了，心理醫生在影視作品中的形象也不會多麼正面。

第三，因為心理學界有一些像榮格這樣有著奇葩人生兼具偉大思想的人物，而且他們往往由於獨特的貢獻廣為人知，所以大眾對心理學人有些偏見和誤解也就毫不奇怪了。

什麼時候需要找諮詢師

　　心理問題人人都有，許多人都有不順心、不愉快，甚至徬徨苦悶的時候。那麼，這時候需要向心理諮詢師求助嗎？對於這個問題，許多專業人士可能會從專業的角度回覆："任何時候去諮詢都可以，就像每個人都需要一個家庭醫生一樣，最好每個人也都有一個專業的心理諮詢師，以便隨時可以得到心靈上的幫助。"

　　然而，如果讓我從現實的角度來回答這一問題，我的答案是"不一定"。因為並不是所有的心理問題都需要進行專業的心理諮詢。不妨做一個類比：你感冒了會去醫院嗎？去醫院當然可以，讓醫生開點藥或打點滴，抑制感冒症狀，這樣可以快點好起來。不過我相信，許多人感冒後的第一選擇不是去醫院，而是清淡飲食，多喝水，睡上一大覺，等待身體自我康復，並不那麼著急去醫院。

　　有這麼一個笑話，一個過於注重身體的人劃了點小傷，就急急忙忙地去醫院，要求醫生趕緊處理，醫生則調侃道："幸好你來得早，來得晚點，傷口都癒合了。"

因此，就如同感冒了不一定要急著去醫院一樣，心理有了困擾也不一定必須去找心理諮詢師。比如，假如你被女朋友甩了，雖然內心苦悶，但你並不會立即去尋求專業的心理援助，而可能會找三五好友，喝喝唱唱，宣洩一下也就過去了，等過兩天精神回來了，可以去找新的女朋友了，這種情況下，當然沒有必要去找專業的心理諮詢師了。其實大部分人的大部分問題，找"張哥李姐"就可以解決了——兩個無話不談的好朋友勝過一兩個好的心理諮詢師。

我們還用身體健康做類比：如果你不是普通感冒，而是重感冒，甚至已經是肺炎了，你還不去醫院嗎？這時候，去醫院看病基本就是必然的選擇了。心理問題也一樣，到了一定的程度，就需要尋求專業的心理諮詢師了。那麼，"一定"程度到底是什麼樣的程度呢？

對於心理問題的診斷，不同的心理障礙、心理疾病有不同的專業指標，本堂課無法一一展開。不過，我可以告訴大家一個大致的自我診斷標準：首先，自己在心理上真的很痛苦，並不是在無病呻吟；其次，也是最重要的一點，這種痛苦已經干擾到你正常的工作和生活了。

比如我們剛才談到的失戀，每個人失戀之後都會頓生煩惱，心情低落。這時候，一般人會尋求一些自助措施，比如轉換一下注意力，或者和好朋友聊一聊，如果得到了緩解，就不用尋求心理諮詢了。不過，如果失戀引發的情緒失調，"自助無法，求助無門"，始終無法得到緩解，而且已經導致你無法正常工作和學習了，這時候就需要尋找專業諮詢了，哪怕要花些錢，也是應該的。

總之，**當你的心理煩惱已經無法自癒，甚至影響了你的正常生活，那最好的解決辦法就是尋找專業人士的幫助。**

如何尋找可靠的心理諮詢師

那麼，你適合什麼樣的心理療法呢？每個人的選擇都有所不同，這裡就不再具體一一解說了。但我們可以換個角度，換種提問題的方式：在實際生活中，到哪裡才能找到可以解決你自身狀況的心理諮詢師呢？

以下是我的個人建議。如果你是中學生或大學生，可優先選擇學校裡的諮詢中心，因為它是免費的，CP 值最高，不妨充分利用起來。別讓諮詢老師閒著了。現在學校的心理諮詢中心一般都有諮詢服務，但不開藥。其次，如果以你可以去醫院的心理科，醫生一般會開藥。最後，如果你不想吃藥，可以找社會上的諮詢機構，但這些機構魚龍混雜，只能自求多福了……

學校、醫院、社會機構都有類似的心理諮詢服務，為什麼先去學校諮詢中心呢？因為就這3種機構而言，學校心理諮詢中心的水準雖然不一定是最高、最專業的，比如有時候給你做諮詢的可能是一個經驗並不豐富的碩士或博士，但絕對不是最差的。原因如下：

- 在學校裡做諮詢的老師至少有研究生學歷，起碼也算相關的專業人士，雖然個別的水準可能也一般；
- 學校諮詢沒有收費壓力，不須付費；
- 學校裡的心理諮詢中心不會亂來，即使諮詢出了問題，"跑了和尚跑不了廟"；而且學校從自身名譽考慮，也不允許他們亂來。

當然，醫院心理科的諮詢治療都很專業，但一般來說，只要去醫院，醫生就會開藥，這既是醫生解決問題的習慣性思路，也是藥房經濟壓力的使然。假如你失戀了去尋求安慰，醫生問了一系列症狀之後開了百憂解，然後讓你走，也很正常。所以你去醫院諮詢，醫生談話少、開藥勤。並不是說吃藥不好，該吃藥的時候就吃藥，但如果不吃藥也能解決問題，還要去吃藥，就沒必要了。所以，學校心理諮詢排第一。

再來說說社會機構的心理諮詢情況。這些機構是市場化運作的，我個人認為，當前國內諮詢水準最高的或許就在這些機構當中；但水準最差的，肯定也混跡其間。當下，國內的心理諮詢市場並不規範，良莠不齊。如果你瞭解這些機構，那麼問題不大；但如果你對市場化心理諮詢機構一無所知，花費巨大卻效果不彰，就得不償失了，還是謹慎為好。

基於以上考量，對於心理求助，我的建議順序是："親朋好友"——學校心理諮詢中心——醫院心理科——社會心理諮詢機構。

最後說回榮格，雖然本講說了一些榮格的"壞話"，但他能成為大師，絕非只是浪得虛名或"久病成良醫"。榮格的諮詢水準也是大師級的。當年，在美國，有一位富婆患有社交恐懼，萬里迢迢來找榮格，諮詢了一小時後，榮格對她說："這次結束了，等下周再約。"富婆問道："我這麼遠來了，一周才一小時，我平時乾等著你啊？"榮格回覆說：

"要不你買張火車票,圍著阿爾卑斯山轉轉吧。"之後,這位富婆上了火車。由於她一個人閒得實在難受,便開始找人說話,結果社交恐懼消失了。

QUESTION 07

人類的終極問題 "自由意志"真的存在嗎

加紮尼加認為，自我只是一種幻想，人們並沒有自己想像中的那麼偉大。一些觀念不是你自己選擇的結果，而是與生俱來的，比如喜歡花、害怕蛇等。

解惑大師

最佳解方

> 有自由意志是好事。我們應該珍視、愛惜自己和他人的價值，應該去承擔自己應該承擔的責任。

加紮尼加

MICHAEL S. GAZZANIGA

研究「腦與意識」心理學家

白天，她情緒激動，表現暴躁，自稱"老娘"；夜晚，她可愛善良，表現溫順，自稱"寶寶"：哪一個才是真實的她？

　　白天，他衣冠楚楚，是個老實本分的文明人；夜晚，他成了疾惡如仇、行俠仗義的獨行俠：哪一個更符合他的本性？

　　關於雙面人、多重人格的橋段，我們常常在影視作品中見到。那麼，從科學角度來講，除了人格障礙患者之外，我們會出現"一個大腦、雙重意識"的情況嗎？我們的意識能由自己自由主宰嗎？腦與意識，究竟是一種什麼樣的關係？

　　本章節的內容與前文有所不同：務虛比較多。本章節討論的腦科學和自由意志紛爭等內容都有些"燒腦"，因此你需要找個安靜的地方，靜下心來看。我們一起來討論腦、意志和人生的大問題。

裂腦人的世界在"互搏"

從科學層面來講,探討腦與意識一定會追溯著名的裂腦人實驗。人類的大腦分為左腦半球和右腦半球,而人身體兩側的感知在左右腦半球是交叉的,比如左眼看到的東西、左手摸到的東西,由右腦半球運作;而右眼看到的東西,右手摸到的東西,由左腦半球運作。連接兩個大腦半球的部分是胼胝體,它是兩個半球"溝通"的管道。正常人的兩個大腦半球經過胼胝體的連接,構成了一個統一的整體。那麼,如果把胼胝體分開,讓大腦左右半球失去聯繫,會怎麼樣呢?

科學家想這麼做,但誰的大腦是西瓜,想切就切啊!所以在一開始的時候,他們都是在貓、猴子等動物的身上做實驗。

裂腦人實驗要歸功於兩位科學家,一位是美國國家科學院院士邁克爾・加紮尼加(Michael S. Gazzaniga)[1]。1982

編者注

[1] 加紮尼加在《雙腦記》中講述了自己的科研人生及歷時半個世紀的對大腦兩側半球的探索;在《人類的榮耀》中展現了人類研究的完整拼圖。

年,加紮尼加在加利福尼亞州創建了認知神經科學研究所並擔任主席至今,他是認知神經科學的重要創始人之一,被稱為"認知神經科學之父"。《紐約時報》對他的評價是:"加紮尼加之於腦科學研究,堪比斯蒂芬·霍金之於宇宙論。"

另一位是加紮尼加的導師羅傑·斯佩里(RogerSperry)。Sperry 聽上去像不像 split-brain(分裂腦)?實際上,斯佩里研究的就是裂腦。裂腦人實驗是腦科學史上非常有影響力的實驗,斯佩里就是因為這項研究,與另外兩名科學家共同分享了 1981 年的諾貝爾生理學或醫學獎。然而,這期間的大量工作,包括設計,都是加紮尼加做的。當時由於年輕,羽翼未豐,加紮尼加心裡有點不滿,但畢竟得獎的是自己的導師,也沒什麼好說的。

"儘管分享功勞並不是他的長處,但應當讓公眾知道的是,我對他只有最深的尊敬。"這是加紮尼加的原話。

兩人做了動物研究後,又想做人類研究,但倫理不允許他們對大活人下手呀。怎麼辦呢?機會來了,有一種病叫癲癇,就是老百姓常說的"羊癲瘋",醫學分析認為,這種病是部分大腦細胞活動異常引起的。當時的神經外科醫生就有一種治療方案——切除患者的胼胝體,隔斷其大腦左右半球的聯繫,部分異常就不會引起"全腦崩盤",病情就減輕了。當時的醫生的確這樣做了,也有些療效,大家都很開心,更開心的則是加桀尼加這些人:終於有天然的大腦左右半球切斷聯繫的實驗被試了,探討"裂腦人"左右大腦功能的時候到了。

加桀尼加矇上"裂腦人"的眼睛,然後在其右手放一個物體,問他:"你手裡是什麼東西?"患者能毫不費力地說出物體的名稱,這說明,右手發出的資訊的確進入了左腦半球──言語功能的定位在左腦半球。隨後,加桀尼加又把剛才的物體放在"裂腦人"的左手,這次患者說不出物體的名稱了,因為連接大腦左右半球的胼胝體隔斷了,語言中樞無法參與資訊運作,患者自然就啞口無言了。然而有趣的是,"裂腦人"雖然說不出,但能正確地"擺弄"資訊,也就是感受資訊的能力是沒有問題的。

有時,對於放在左手的物體,"裂腦人"說不出它們是什麼,但會"咯咯"地笑出來,就好像右腦半球有獨立的人格一樣,他們也享受這樣的過程。

這說明什麼?說明大腦兩個半球都儲存了關於物體性質的資訊,人具有雙重的記憶系統。

加紮尼加和他的學生設計了一個裝置,讓"裂腦人"的左腦半球看到的區域和右腦半球看到的區域不同,然後進行了一系列的實驗,結果**發現了一系列有趣的大腦左右半球"互搏"的現象。**比如有一次,他們問一個年輕男性:"你女朋友是誰?"這個人的左腦半球接收資訊後,不願意說,但不受控制的右手卻把女朋友的名字寫了出來。

當然,也不是每次實驗都能成功,比如有一次,加紮尼加想要看看患者情緒啟動時的大腦反應。他到報刊亭買來一些色情雜誌,把其中的裸女插圖剪了下來,再拍成照片,放入幻燈片給被試者看,看他們有什麼反應。先是給一位女性"裂腦人"看,一開始的時候,她面無表情。加紮尼加給她的右腦半球呈現裸女照片後問:"你看到了什麼?""什麼都沒看到。"但緊接著,她憋不住笑了出來。"你為什麼笑啊?""我不知道,可能你的機器有意思吧。"

加紮尼加又找來一位男性"裂腦人",進行同樣的操作,然後問他:"你看到了什麼?""什麼都沒看到。"被試者面無表情。加紮尼加又直接將照片呈現給被試者的左腦半球,又問:"這回看到了什麼嗎?""一個畫報女郎。"被試者依然面無表情。實驗結束後,被試者語氣平淡地問:"你們大學的女學生都是這樣的?"原來,他大腦左右半球都不覺得裸體圖片有多麼吸引人，它們根本激發不了他的情緒。實際上，這位男性"裂腦人"參加過第二次世界大戰，身經百戰，見識多了。

"裂腦人"還有一項比較神奇的本領，就是可以一手畫圓，一手畫方。對於普通人來說，由於大腦左右半球相聯繫，兩隻手分別做不同的任務會互相干擾，一般做不到一手畫圓，一手畫方。而"裂腦人"的大腦左右半球失去了胼胝體的聯繫，具備了同時做兩件事情的能力，可以根據左右兩側視野同時呈現的不同圖形，一手畫圓，一手畫方，就好像他們的身上存在兩種人格，每一種人格負責控制一隻手，而且二者之間不會出現任何干擾。

後來，**加紮尼加和斯佩里提出了全新的左右腦半球分工理論。具體來說就是，人左腦半球的優勢在於分析、邏輯、計算，以及語言；而人右腦半球的優勢在於空間、音樂、直覺、感覺等。**大家看到的所謂右腦半球開發、全腦提升的各種講座培訓，其基本理念的根源就在於此。他們的實驗也表明，左腦半球和右腦半球一樣，分別具有自我意識和社會意識。

總之，一系列的"裂腦人"實驗影響很大，越傳越神。比如傳說"裂腦人"就是兩個不同的人生活在一個軀體上，在某次實驗中，左腦半球表示願意做繪圖員，右腦半球則希望成為賽車手；左腦半球表示愛瑪麗，右腦半球表示喜歡約瑟芬……同時，也出現了一些小說，小說的主人公的腦袋裡有兩種意識在掙扎、分裂。

這直接引發了一個問題：一個人的大腦裡，真的有兩個"我"嗎？"我"究竟是誰？誰決定著"我"的意識？"裂腦人"引發了一系列研究，也從根本上對以下問題提出了挑戰：自由意志存在嗎？人類的行為，誰說了算？

自由意志的紛爭太燒惱了

所謂"自由意志"，大體上就是認為自己是自己命運的主宰，"我的行為我做主"。人的自由意志的大體表現，舉例來說就是，一般人到飯店點菜，力所能及之內，想吃什麼就點什麼；想騎自行車，很快就騎上去了；想聽心理學，就去聽了……這樣看來，人有"自由意志"，應該不成問題吧？

其實不然。剛提到的這些例子，在一些哲學家或科學家看來，這種感覺其實是一種錯覺。你想點菜，是因為"餓餓"；你想騎車，是因為"無聊"；至於你想聽心理學，是因為童年的遭遇；童年的遭遇，則和你的父母大有關係……所以，心理學不是你想學就來學的，這不是你自由選擇的結果，而是成千上萬年人類生活經驗累積的必然。

與自由意志相反的是決定論。決定論認為，人類置身於一個由穩定的因果關係構成的網路中，這種因果關係可以追溯到宇宙大爆炸的那一刻。

這不太扯了嗎？想學點心理學，通過決定論一分析，還追溯到宇宙大爆炸了！

你還別不信。決定論攻擊自由意志已經有好幾百年了，比如物理學是純科學吧，牛頓和愛因斯坦都是決定論的擁護者。牛頓用幾條定律和公式，就把宇宙的運行規律給劃定了：如果宇宙運行有確定的規律，那麼萬事萬物一開始就是註定的。達爾文的自然選擇，佛洛伊德的潛意識，也都告訴我們，人是不自由的，當下的所思所想來自童年，來自基因，來自當年的非洲大草原。

為什麼男性喜歡長頭髮、凹凸有致的美女？因為一頭烏黑亮麗的長髮代表著健康，身材凹凸有致則利於生養；為什麼女性會傾向於選擇多金的男人？因為這樣的男人能提供更多的資源，在女性養育孩子的時候，他能提供更好的環境生長……總之，一個人現在所做的一切，都是不自由的，是基因"希望"把自己傳遞下去的結果。

科學巨擘愛因斯坦更是旗幟鮮明地反對自由意志，他認為世界是嚴格確定的。在決定論者看來，自由意志無非一場玩笑，一切都是由公式安排好的。

20世紀80年代以來，隨著技術的進步，眾多腦科學研究也加入了這場爭論，而且腦科學在打擊人類自尊心方面更是不遺餘力，其研究基本都在不斷地為決定論添加注腳。比如，有人就研究了大腦的決策過程，結果發現，有意識決策是由大腦無意識過程發起的。研究人員記錄到了一種可作為"預備電位"的腦波，這種腦波在個體意識到自己做出決策之前就已出現，無意識的大腦過程似乎能提前知道人如何決策。所以說意識並無自由，你的決策早已經被知曉了。

與此同時，神經科技也在不斷發展應用，Meta（Facebook）等公司也在開發大腦交流設備。這樣一來，癱瘓者可以用大腦控制機械手臂和電腦游標；有些盲人移植的眼球植入物能向大腦視覺功能區發送信號等等。用技術改善大腦功能的同時，有一個問題越來越引人深思：到底是誰說了算，是你，還是你的大腦？在回答這個問題之前，我提醒大家，關於自由意志和決定論的爭議，不要輕易參與。它太燒腦了，一般人總朝這個方向胡思亂想，搞不好容易讓大腦"崩潰"。

我並沒有開玩笑。前兩年比較熱門的一部美劇叫《西方極樂世界》，講的就是機器人覺醒，有了自由意志的故事。劇中有一段有趣的情節：作為機器人，覺醒的妓院老鴇挾持了維修部門的程式師。程式師對機器人老鴇說："你說的每一句話都是設計部編好的程式。"機器人老鴇駭然發現，自己腦子裡要說的每一個詞都提前一步出現在控制板上……接著她就當機了。

對於這件事，你研究研究，也容易"當機"。我現在說的話，你想說的話，是不是已經被某種力量決定好的呢？這個案例也提供了一個討論自由意志的切入點：**你說的話是你想說的還是別人想讓你說的，決定了你是否具有自由意志。**你以為的真的是你以為的嗎？我們來聽聽專家的意見，看看加紮尼加是怎麼說的吧。

你以為的真的是你以為的嗎？

關於自由意志與決定論，加桑尼加的主要觀點如下。

▶ 從自由意志理論得到的反思

加桑尼加認為，自我只是一種幻想，人們並沒有自己想像中的那麼偉大。一些觀念不是你自己選擇的結果，而是與生俱來的，比如喜歡花、害怕蛇等。我們的主觀意識源自左腦半球，它會不斷地解釋突然出現在意識中的資訊片段，自我觀念不過是左腦半球建構出來的解釋。很多時候，我們先自發地、潛意識地做出一些決策，然後用左腦半球找出一些聽上去合理的理由來解釋這種決策行為。換句話說，我們為過去的事件創造虛構的敘述，並相信它是真實的，從這一點上說，我們的意志並不自由。

但是，"人有自由意志"的信念滲透於各種文化，擁護者眾多，而科學研究也證實，只要我們相信這種觀念，社會就會變得更為美好。美國心理學家用實驗證明，相信自由意志的人更願意幫助他人，而相信決定論的人更容易攻擊別人，因為"人有自由意志"的信念鼓勵人們相互尊重，而決定論這種觀念會讓人們覺得自己無能為力，"責任不在我這裡"。所以，無論自由意志和決定論誰對誰錯，我們至少可以拿它們當作交朋友的參考：**相信自由意志的人有親和力，我們可以與之交友；相信決定論的人攻擊性強，我們可以儘量避免與之發生衝突。**

▶ 從決定論得到的批判

加紮尼加作為科學工作者，也對決定論進行了批判，他的理由如下：

第一，混沌理論告訴我們，複雜系統難以進行長期預測，微小偏差會導致預測結果的不確定性，最初的"失之毫釐"，不久之後就會"謬以千里"，而且複雜系統的不確定性是隨機的。所以說，決定論的基礎是數學和測量，但生活這種複雜系統無法預測，所以那些帶有公式的確定性定律能否適用於複雜系統，根本說不清楚。

第二，量子力學等學科的出現，對傳統的經典力學造成了衝擊。微觀粒子並不遵循所謂的普遍運動規律。物體遵循牛頓運動定律，可是構成物體的元素，也就是微觀粒子並不吃這一套。微觀世界並非決定論的世界。牛頓運動定律在宏觀世界起作用，但預測不了微觀世界的運行規律，而且預測也沒有確定性。微觀世界只是一種概率論，我們只能預測事件發生的概率。換句話說，決定論本身在物理學界已經受到質疑，並岌岌可危了。

再回到腦科學，決定論已經是物理學玩剩的了，腦科學就別拿著當寶貝了。在物理學界，確定性的規律不能同時應用於微觀與宏觀：量子力學是適用於微觀世界的規律，牛頓運動定律是適用於宏觀物體的規律；前者不能完全預測後者，後者也不能完全預測前者。所以，在腦科學界，我們能否根據從神經元和神經遞質等神經生理學微觀層面上瞭解到的知識，構建出一個確定的模型，來預測意識思想以及大腦生成的結果或心理呢？更造成問題的是，假如碰上 3 個及以上大腦交匯，也就是人群交往，還符合神經元的規律嗎？從微觀發現來推導親密關係、社會互動的宏觀故事，可行嗎？這當然是有問題的。

微觀與宏觀，不同層面的事物有不同的規律和解釋；人是社會動物，不能單從單個大腦層面去理解人的行為，而要將其放在眾多大腦相互作用的社會現實中去理解。

第三，加紮尼加的"底牌"是：終極責任是人與人之間的契約，而不是大腦的一種屬性。科學奪不走人的價值與美德，從更科學的角度理解生命、大腦與意識，並不會侵蝕這種我們都珍惜的價值。我們是人，不是大腦。揭秘大腦的秘密是神經科學的任務，而在這個層面上考慮自由意志，屬於文不對題。生而為人，我們應該珍視、愛惜自己和他人的價值，應該去承擔自己應該承擔的責任。

縱觀加紮尼加洋洋灑灑的論證，一句話總結就是：**有自由意志是個好事，但在腦科學層面討論這個問題就很扯。牛頓運動定律無法解釋微觀粒子的活動，腦科學的微觀定律也無法解釋我們複雜而美好的人生。**

本章討論的終極問題非常"高深"，發展正酣。但對於一些應用，值得警惕。來說一個典型的濫用的例子。

1983年，西蒙·派雷拉（Simon Pevera）因犯下兩宗一級謀殺罪，兩次被判死刑。然而21年後，法庭接受了大腦掃描的證據：派雷拉的額葉是畸形的，這損害了他正常行事的能力。於是，派雷拉對另一宗謀殺罪也提出上訴，又拿出那張腦掃描圖說自己精神發育遲滯，結果法庭又認可了這個證據。使用相同的腦圖，幻化成不同的說辭，以"科學"的名義，罪犯繼續逍遙法外。迄今為止，腦部掃描仍有其侷限性，據此做出的結論並不十分可靠。對於派雷拉案來說，掃描時的大腦並不是他犯罪時的大腦。

這個例子給我們什麼啟示呢？腦科學的發展日新月異，其規律是否適應於自己的複雜生活，我們對此要慎重。不要他人一說腦科學，我們就把它當成信仰，還堅定不移地支持。

PART 2
第二部分

情感與兩性

QUESTION 08

每天都過得很壓抑,該怎麼讓自己變得開心起來

一個人全情投入一項讓自己開心又能賺錢的工作,在工作中能取得成就,且與同事的人際關係良好,這就是幸福。

解惑大師

最佳解方

提升幸福感的3個練習：表達感恩與拜訪、寫下"三件好事"、發揮突出優勢

塞利格曼

MARTIN E.P. SELIGMAN

研究「積極心理」心理學家

有心理學研究表明，相較於 20 年前，"千禧一代"的年輕人更容易情緒低落。現在年輕人的世界仿佛成了一個低幸福感的世界。從近些年的網路流行語中，我們可以看出一些端倪：2017 年的"藍瘦香菇"（"難受想哭"的意思）；2018 年的"喪"；2019 年的"自閉"；2020 年的"抑鬱"；2021 年的"生而為人，我很抱歉"、"emo"[1]。

那麼，是什麼導致這一代年輕人孤獨、低落、消沉、迷惘和悲觀呢？答案很明顯：謀生艱難，成功不易。很多年輕人在繁華的都市裡打拼，用盡了全力，艱難前行。反覆的失敗讓一些人開始懷疑自己的能力與努力，他們感覺自己無能為力，不如"躺平"，任命運宰割。這種狀態在心理學上被稱作"習得性無助"。

編者注

[1] emo，全稱 Emotional Hardcore，原本指一種與龐克相似的搖滾樂，後被用來表達"喪"、"憂鬱"、"傷感"等情緒。

那麼，如何才能擺脫這種低落壓抑的狀態，讓自己重新恢復鬥志，再"燃"起來呢？我們先從對一隻狗的研究說起。

一隻特立獨行的狗

狗有什麼好研究的呢？其實，巴甫洛夫條件反射的起源，就是一隻不聽話的狗。當年，巴甫洛夫在研究狗的消化腺時，由於需要狗分泌唾液，他便找來一根肉骨頭。狗一看到骨頭，就開始流口水，巴甫洛夫就收集了狗的口水來研究。不過，狗總參加實驗，後來有了"經驗"，一到實驗快開始的時候，它"預期"骨頭要來了，沒等大家準備好，它就開始流口水。這讓巴甫洛夫很煩：沒到流口水的時候口水亂流。後來，巴甫洛夫一研究，提出了條件反射理論：一開始，鈴聲和骨頭結合，狗就流口水；後來，不用鈴聲和骨頭結合，只要鈴聲一響，狗的口水就來了。

不久之後，美國的一名心理學研究生也做了一項著名的關於狗的研究，他不是用骨頭，而是用電擊來研究狗的學習：鈴聲和電擊相結合，鈴響之後電擊狗，然後狗就跑。他想知道：到最後，鈴聲一響，狗是不是就跑？不過，對於這項實驗，需要注意的一點是，鈴聲和電擊是連在一起的刺激，所以一開始的時候，鈴聲之後都伴有電擊，狗躲不掉。後來，對於鈴聲和電擊之間的關係，狗終於明白了。但令人不解的是，到了可以跑的時候，許多狗卻不跑了，只是躺在地上哀鳴，任人電擊。這是怎麼一回事？

按理說，這項實驗失敗了，但這名研究生一琢磨：不對啊，狗其實學會了一種更高級的反應，因為它悟透了鈴聲和電擊之間的關係——鈴聲必然與電擊相聯繫，鈴響之後，電擊是無法逃避的。這樣，狗就得出了一個悲觀的結論：當鈴聲響的時候，既然自己逃不掉被電擊，那為什麼還要努力呢？忍著吧。後來，人們給狗的這種"小心思"取了個名字：習得性無助，即多次失敗的體驗導致動物本來可以採取行動以避免不好的結果，卻選擇相信痛苦一定會到來，繼而放棄任何反抗。

習得性無助現在已經是一個經典的心理學概念了，它的基本形成過程是：頻繁體驗挫敗——產生消極認知——產生無助感——出現動機、認知和情緒上的損害。狗是如此，人也是如此。經過多次挫敗後，人會感到無助，然後變得孤獨、低落、消沉、迷茫和悲觀，最後有機會也不努力了，這不就是許多人的生活寫照嗎？這就是抑鬱症的表現。

這現象的發現者就是馬丁・塞利格曼（Martin Seligman）[2]。他在讀研究所期間就因習得性無助研究在業界成名，之後成了積極心理學創始人。塞利格曼曾獲美國應用與預防心理學會的榮譽獎章、終身成就獎，並在 1997 年當選美國心理學會會長。

再說回實驗。相對於在電擊後悲觀無助的大多數狗，總有一些狗"不認命"，無論有沒有鈴聲，它們只要被電擊就跑，特立獨行，永不放棄掙扎，像打不死的"小強"一樣。一開始，塞利格曼將這些狗當作實驗中的特例，在分析時將其排除在外了。

然而有一天，塞利格曼突然想明白了：這些"不認命"的狗才是狗中之希望，應該重點研究。就像我們身邊那些不認命、勇往直前的人一樣，他們才更值得珍惜。心理學不應該只研究焦慮、抑鬱等，更應該研究人性中閃光的一面，研究人的優勢、美德以及幸福。

編者注

[2] 塞利格曼在他的首部自傳《塞利格曼自傳》中，呈現了他傳奇的一生，為讀者奉出一部積極心理學史。

大 / 師 / 小 / 講

一筆從天而降的錢

當了美國心理學會會長之後，塞利格曼因為事務繁忙，很少接電話，與人溝通一般都是通過電子郵件。但因為電子郵件太多，而且他還忙著玩網遊，所以許多時候，對方寫得再多，他只是簡短地回應幾句。

1997年年底，塞利格曼突然收到一封莫名其妙的電子郵件，上面只寫了幾個字：你可以來紐約見我嗎？落款也不是全名，只是一個縮寫：PT。

這個"PT"是誰啊？對美國心理學會會長這麼狂？塞利格曼還真想見識一下這位神秘人物，於是，他去了紐約，在曼哈頓一座又小又破的辦公樓裡見到了那位自稱"PT"的神秘寫信人。

對方說："我是一名匿名基金會的律師。基金會在尋找成功者，而你就是一名成功者。你說說你想研究點什麼，我們來資助你。"他的意思就是：我們有錢，相中你了；你想研究什麼，我們可以提供資助。

這是好事啊!於是,塞利格曼在一頁紙上簡單地寫了研究計畫,結果 12 萬美元的支票就到手了。這錢來得好像太容易了啊!

半年後,塞利格曼接到對方的一通電話:"你下一步的打算是什麼?"

難道還會給錢嗎?塞利格曼對著電話說:"我想研究'積極心理學'。"

"你可以來紐約見我嗎?"還是這句熟悉的話。於是,塞利格曼又去紐約見了 PT。

"積極心理學是什麼?你這次寫 3 頁紙說明一下吧,順便把預算也寫上。"

一個月後,一張 150 萬美元的支票出現在了塞利格曼的辦公桌上……

我們今天談的積極心理學,就是在這筆經費的支持下蓬勃發展起來的。看，積極心理學值錢吧！你可能會問："積極心理學到底是什麼？為什麼塞利格曼的這一'創意'值 150 萬美元？有沒有'消極心理學'呢？"

其實，沒有"消極心理學"，只有傳統心理學。塞利格曼等人提倡積極心理學，只不過是抱怨以往的心理學研究過於集中在人心的消極層面了。比如，一說到心理學，人們就感覺它和變態、疾病、治療等概念相關，好像誰都有病似的。

積極心理學家認為，現代心理學更應該致力於研究普通人的積極品質，充分挖掘人固有的建設性力量，促進個人的和諧與幸福。那麼，問題來了：這套說法和我們原先讀到的馬斯洛、羅傑斯等人本主義大師的目標和主張到底有什麼區別呢，說的都是人性本善，應該發揚人積極陽光的一面？

雖然這些說法差不多，但"三十年河東，三十年河西"，時代變了，現在研究的技術手段也和昔日大不

> 相同了。我們可以將積極心理學理解為用最先進、最科學的心理學研究範式，繼續考察當年由人本主義心理學家提出的心理學話題，最終促進人的幸福。
>
> 既然有財主出錢了，為什麼不去研究一下呢？就這樣，塞利格曼憑藉一個想法，拿到了一筆科學研究"風險投資"。

怎麼才能快樂起來

▶ 幸福的標準

研究人性閃光的一面，第一個問題就是：幸福的人是什麼樣的？他們有什麼樣的人格特質和美德？以往的心理學研究重點關注的是人的心靈問題。心理醫生人手一本《精神障礙診斷與統計手冊》，英文簡稱 DSM。心理學專業人士就是按照這本手冊中的標準來確診人是抑鬱症還是焦慮症的。換句話說，"消極心理"是有標準的。積極心理學研究也需要標準，用於"診斷"一個人是否幸福。

塞利格曼和他的合作者一起，閱讀了亞里斯多德、柏拉圖、湯瑪斯·阿奎納、奧古斯丁、佛蘭克林等眾多大家的著作，查閱了各種經典文獻，縱覽中西方文明史，最後歸納出了 6 種放之四海而皆準的美德：智慧、勇氣、仁愛、正義、節制和精神卓越。每一種美德還可以分解成不同的心理特質，最後被歸結為 24 項性格優勢。

前 5 種美德比較容易理解，那最後一個"精神卓越"是什麼呢？我簡單解釋一下，"精神卓越"對應的英文單位是 transcendence，也有人將它翻譯為"卓越"、"昇華"、"超越"等，它指的其實是一種情緒優勢，人可以將自我與更宏大、更永久的事物以及與他人、未來、宇宙等聯繫在一起，其包含的內容有對美的欣賞、感恩、希望、靈性、慈悲、幽默等。精神卓越的大意就是，人遇事後超脫了、昇華了。

▶ **幸福的目標**

有標準還不夠，還得有目標。塞利格曼定下的目標是，希望積極心理學幫助更多的人實現蓬勃人生。而一個人要想實現蓬勃人生，必須有足夠的 PERMA。什麼是 PERMA？

P-E-R-M-A，每個字母對應一種元素，相當於幸福人生的"五個指標"。我來具體解釋一下。

PERMA 包含的 5 個字母分別代表的是：P，積極情緒（Positive emotion）；E，投入（Engagement）；R，人際關係（Relationships）；M，意義（Meaning）；A，成就（Accomplishment）。

積極情緒指的是我們的積極感受，比如愉悅、狂喜、入迷、溫暖、舒適等，包含主觀幸福感與生活滿意度等所有常見因素。在這些方面得到滿足的人生被稱為"愉快的人生"（pleasant life），通俗點講就是：生活開心，主觀滿意。

投入是指人完全沉浸在一項吸引人的活動中，感覺時間好像停止了，自我意識消失，它與"心流"有關。以此為目標的人生被稱為"投入的人生"（engaged life）。後文會專講這方面的內容，此處不再贅述。

開心也好，投入也罷，它們帶來的幸福感都離不開社會交往。塞利格曼說，"良好的社會關係同食物和溫度一樣，對人類的情緒至關重要，這一點全世界都通用"。他人很重要，是人生低潮時最好的解藥，而幫助他人則是提升幸福感最可靠的方法。對人際關係的追求是人類幸福的基石，積極的人際關係是實現蓬勃人生的重要元素。

意義包含主觀成分，但又不是單純的主觀感受。布魯諾為了真理甘願被烈火焚身，他認為自己的行為有意義，圍觀者可能會認為他死得無意義，而從人類進化的角度來看，他的行為意義非凡。**"有意義的人生"（meaningfullife）意味著歸屬和致力於尋求某些超越自我的事物，並且能在此過程中找到樂趣與自身的價值。**

人生的重要意義在於追求各種成就，短期形式如工作、家庭與生活中的"小成就"，長期形式就是"成就的人生"，即把成就作為終極追求的人生。只講享樂而沒有努力的人生，是不完善的人生。

對於塞利格曼提出的幸福人生的"五個指標"，用通俗一點的話語概括就是：什麼是幸福目標？**一個人全情投入一項讓自己開心又能賺錢的工作，在工作中取得成就，且與同事的人際關係良好，這就是幸福，也就是基礎版的蓬勃人生。**

提升幸福感的 3 個練習

標準有了，目標也有了，你可以揮舞雙手，向著天空高喊："我要幸福，我要 PERMA，我要蓬勃人生！"且慢，你還需要一份操作指南。

塞利格曼在研究中，發展出了多種提升幸福的技巧和策略，有 3 種簡單且有效。科學研究也顯示，它們不僅能提升人的幸福感，還能顯著降低抑鬱。

▶ 一、表達感恩與拜訪

感恩拜訪不是塞利格曼的發明，而是塞利格曼從學生在課堂上的感恩練習設計的作業中學到的，他覺得挺好，就讓大家依此練習，結果效果驚人。許多人稱之為"改變人生"訓練。以下是塞利格曼的指導語：

閉上眼睛。想一個依然健在的人，他多年前的言行曾讓你的人生變得美好。你從來沒有充分地感謝過他，但下個星期你會去見他。想到誰了嗎？

感恩可以讓我們的生活更幸福、更滿足。在感恩的時候,我們對人生中好事的美好回憶能讓我們身心獲益。同時,表達感激之情也會加深我們與他人之間的關係。不過,我們有時說"謝謝"說得很隨意,使得感激幾乎變得毫無意義。在這個被稱作"感恩拜訪"的練習中,你可以用一種周到、明確的方式,體驗如何表達你的感激之情。

你的任務是給這個人寫一封感謝信,並親自遞送給他。這封信的內容要具體,大約 400 字。在信中,你要明確地回顧他為你做過的事,並就這件事交流彼此的感受。

按上面的要求去做,基本可以保證從現在開始的一個月內,你將會感覺到更加幸福,更少抑鬱。

▶ 二、寫下"三件好事"

"三件好事"練習也很簡單,具體如下:

在下星期的每天晚上,請你在睡覺之前花 10 分鐘寫下當天的 3 件好事及其發生的原因。你可以用日記本或電腦來記錄,重要的是你要有這些記錄。這 3 件事不一定非要"驚天動地"(如"今天,丈夫在下班回家的路上，給我買了我最喜歡吃的冰淇淋"），也可以是很重要的事（如"我姐姐今天剛生了一個健康的男孩"）。

在每件好事的下面，請寫清楚"它為什麼會發生"。比如，如果你的丈夫給你買了冰淇淋，你可以寫"因為我丈夫有時候真的很體貼"或"因為我在他下班前給他打了電話，提醒他順便去雜貨店"等。如果你的姐姐今天剛生了一個健康的男孩，你可以寫"上帝保佑著她"或"她在懷孕期間的一切措施都很正確"等。

如果不喜歡寫日記，也可以和親朋好友分享，比如每天吃飯的時候和家人訴說；沒有傾訴對象的話，也可以發朋友圈。這種簡單的方式真的有用嗎？有用，為什麼？因為塞利格曼自己就實踐過，他是一個強調親力親為的心理學家。當年研究電擊狗的時候，塞利格曼就先電擊了自己，

體驗了一下被電擊的感覺。對於"三件好事"，他也是自己先做了實踐，然後才推薦給自己的老婆和孩子的，最後研究證實，它們對大部分人都能起作用。

▶ 三、發揮突出優勢

突出優勢練習的目的，是通過發現你的突出優勢，促使你更頻繁、更有創造性地使用它們，從而鼓勵你發揮自己的優勢。幸福的來源就是優勢的發揮。

但你的優勢在哪裡呢？你可以總結回憶一下自己所擁有的優勢，也可以通過塞利格曼的性格優勢測驗（VIASurvey of Character Strengths）來找出自己的一系列優勢，並注意優勢的排序。接下來，逐一選出其中最強的 5 項優勢來問自己："這是一項突出的優勢嗎？"

最後，來進行下面的練習吧！

在這個星期，我希望你能抽出一段時間，用一種新的方式，在工作中、在家裡或在閒暇時，練習你的一項或多項突出優勢，一定要明確使用它的機會。如：如果你的突出優勢是創造性，那麼你可以每晚留出 2 小時來寫劇本；如果你的突出優勢是自我控制，那麼你可以在某天晚上去健身房鍛煉，而不是在家看電視；如果你的突出優勢是欣賞美與卓越，那麼你可以選擇一條更長但風景更好的上下班路線，邊走邊看；如果你的突出優勢是好學，那麼你可以學習更多的心理學知識⋯⋯

總之，幸福不是知識，而是一種體驗、一種行動。如果你知道了許多道理而不去做，你依然過不好這一生。

塞利格曼的研究工作基本上是在那家匿名基金會的贊助下展開的。在研究並推廣積極心理學幾年後，塞利格曼主動給基金會的新 CEO 打電話，嚇了對方一跳，對方以為他這次是主動來要錢了。塞利格曼則說："感謝基金會對積極心理學的資助，沒有你們就沒有積極心理學的現在。我不是來要錢的，我們的研究發展得很好，已經不缺錢了。"這其實是一個感恩的電話。你看，感恩練習，"積極心理學之父"自己也在做。

本章我們從一隻狗出發，聊到了幸福的標準和目標以及提升幸福的 3 種練習。到現在為止，你想到了什麼？

我想到的是：希望有一天，我也能突然收到一封類似於"PT"發給塞利格曼的電子郵件⋯⋯

QUESTION 09

如何找到感性和理性之間的平衡點

海特認為，理性並不是情感的奴隸，說理性是情感的僕人或顧問更恰當一些。

> **最佳解方**
>
> 先喚醒理性腦,再安撫情緒腦。

解惑大師

海特

JONATHAN HAIDT

研究「理性腦與情緒腦」心理學家

茱莉和馬克是一對親兄妹，兩人都在上大學。某個暑假，兩人一起到法國旅行。一天晚上，他們獨自待在海灘邊上的小木屋裡。他們覺得，如果兩人做愛的話，一定會非常有趣，至少對他們而言是一次新的經歷。茱莉吃了避孕藥，馬克戴了保險套，應該是安全的。他們一起享受了性愛，但發誓僅此一次，下不為例。當晚發生的事也成了兩人之間的秘密，他們也因此變得更親近了。

茱莉和馬克做得對嗎？許多人一聽到這個故事，會立即感覺到不妥：親兄妹做這種事肯定不對。但不對的原因究竟何在，他們一時之間還真回答不上來，畢竟那是人家兄妹私人的事，傷害不到其他任何人。

情感上難以接受，理性上又說不出個所以然，這種情與理的矛盾和紛爭在日常生活中是很常見的。在這種情況下，我們是隨性而行呢，還是以理馭情？如何才能找到感性與理性之間的平衡點呢？

情與理的紛爭

親兄妹做愛的難題來自 TED 常客、美國心理學家喬納森・海特[1]（Jonathan Haidt）的研究。海特從 24 歲開始研究道德心理，他很會講故事，編出各種各樣稀奇古怪的故事找人評判。我們不妨找幾個他編的故事來感受一下，同時你也思考一下，故事裡的人是否做了不道德的事。

故事一：有一個女人在清理櫥櫃時發現了一面舊的國旗。她現在用不著它了，所以就將它剪成塊，用來擦浴室。

這個女人道德嗎？

故事二：有個男人每週會去超市買一隻雞。但他在烹飪這隻雞之前，會先和它交媾，然後再煮了吃。

這個男人道德嗎？

編者注

[1] 海特的代表作之一《象與騎象人》已成為心理學領域的經典作品。而他在《好人總是自以為是》中又為讀者呈現了一場道德心理學革命，發人深思。

故事三：一戶人家的狗在自家門口被撞死了。這家人聽說狗肉很香，所以當晚就把狗煮了吃了，沒人看到他們所做的這一切。

這家人道德嗎？

看到上述故事，你的感受估計和讀親兄妹做愛那個故事時的感受一樣，在情感上無法接受：這都是什麼人啊？簡直道德敗壞！但你好像一時又講不出道理來。

雞和狗本來就死了，而且人們有權處理從超市買來的雞肉或自家動物的屍體；另外，無論你怎麼想，人家親兄妹之間的行為並不傷害他人，也不損害權利、自由與正義，對吧？這種情與理之間說不清道不明的關係，是心理學要探討的，也是回答感性與理性問題爭論的海特關注的內容。

海特是全球百大思想家之一、哲學博士，曾任維吉尼亞大學心理學教授，後擔任紐約大學斯特恩商學院教授，也是積極心理學新派領袖之一。他愛好廣泛，著述眾多，成果斐然，曾因突出貢獻獲得坦普爾頓獎（TempletonPrize）。

坦普爾頓獎是什麼樣的獎呢？你可能不熟悉，我只提兩點:第一,這個獎的獎金比諾貝爾獎還高;第二,這個獎只頒給在精神領域有非凡成就的人,尤其是在科學和宗教議題上有貢獻的人。所以說,在架構宗教和科學心理學之間的理解和交流方面,海特是不折不扣的專家。

雖然海特是個強人,他的研究卻平易近人。他不像許多心理學家發明了很多術語,搞得大家一頭霧水,他一直思考的問題都與現實息息相關,比如道德問題、宗教問題、自由主義和保守派紛爭問題、美國種族問題等,而且,他始終希望自己的研究能應用於社會,改善不同族群的狀況。海特之所以去了斯特恩商學院任教,也是希望將自己的研究放入複雜的社會系統,幫助企業、非營利組織、城市和其他系統能更有效地運作。

接下來談本章的主題:人生在世,情理衝突難免,該如何解決呢?海特總結了3種模式:

一是柏拉圖模式。這也是西方哲學數千年以來的趨向,即崇尚理性、懷疑激情,希望人能保持理性而駕馭激情,應該讓理性成為"統治者"。

二是休謨模式。休謨離經叛道,一反傳統地認為,理性只能是激情的奴隸，在激情面前，理性毫無辦法，只能遵從。

三是湯瑪斯·傑弗遜模式。傑弗遜提出了一個理性和情感關係較為平衡的模式，即理性和情感是相互獨立的共同"統治者"，就像當初羅馬帝國的皇帝將整個帝國分成東羅馬和西羅馬一樣。

以上 3 種模式，究竟哪一種更合理、更符合人性呢？要想知道答案，我們需要先瞭解情理衝突的本質。

情緒腦與理性腦的調節之道

在生物進化史上，先出現的是爬行動物，然後是哺乳動物，最後才是人類。有意思的是，通過人類的大腦結構，我們依然能夠見證大腦進化的整個歷史過程。

人的大腦可以分為 3 個模組，它們之間相互聯繫又各有特定的任務。

第一個模組可稱為脊椎動物腦（爬行動物腦），即基礎腦，它是人腦中最內層、最古老的部分，包括後腦、中腦和前腦，一直沒發生太大的改變，它引發的活動只是本能地為了生存以及維持身體所需，如吃喝拉撒、呼吸等。如果只有這部分的腦，我們只會像爬行動物一樣，除了吃吃喝喝，就沒別的追求了。

　　第二個模組是哺乳動物腦，也可稱為情緒腦、邊緣系統，其結構和分泌的激素等與其他哺乳動物一樣，它引發的是人的喜怒哀懼等情緒，以及性與社會的渴望。

　　第三個模組是高級人類腦，即額葉皮層，是決定"人之所以為人"的理智腦，它可以帶來創造力、想像力、解決問題和思考的能力、自我意識，以及高級的善良、同情心等。正是由於理智腦的出現，人類才有能力創造出各種偉大的成就。

　　然而，大腦的這 3 個模組是隨著人類進化依次出現並逐漸發展的，並非一蹴而就。從進化角度來看，先有的是脊椎動物腦，之後是哺乳動物腦，最後產生高級人類腦，人這才有了理性，可以控制本能的衝動。但這種控制並不完美。有時，大腦的 3 個模組做不到協調一致，會出現分裂、衝突，就好像人的大腦中住著 3 隻動物一樣：一隻爬行動物，一隻低級哺乳動物，一個人類。基礎腦想要吃喝，情緒腦想要歡樂，理智腦想要工作。這樣一來，衝突就在所難免了。

其實，從個體的成長來看，情況也是一樣的。小的時候，人受本能衝動的支配，激動之下，什麼事都做得出來，原因就是理智腦的發育尚不完善；隨著年齡的增長，理智腦逐漸發育完善，理性逐漸強大，人才變得不那麼容易衝動，變得不急不躁了。

理智腦的出現讓人有了理性和意志力，隨後人便產生了一種執念，就是希望通過理性來駕馭欲望和情緒。

遺憾的是，理智腦的力量是有限度的。相對於大腦中基礎腦與情緒腦，理智腦並非全能，理智腦的意志力在面對本能的欲望與情感時往往不堪一擊。在著名的糖果實驗中，孩子們之所以能擺脫糖果的誘惑，並非是他們面對花花綠綠的糖果直接控制了欲望，與欲望直接對抗，而是轉移注意力，想出了更好玩的活動，從而擺脫了糖果的誘惑。

在當年的唐山大地震中，有一位農家婦女在地下忍受了十多天，最終獲救。在困境中，她想的不是如何應對自己的饑餓和乾渴，而是天天想著：自己不能死，不能讓隔壁的老太婆最終看自己的笑話。

在海特看來，強求理性與意志力的努力方向是錯的，理性選擇本身就是一種假像。

我們覺得自己是理性的，但更多的時候，我們只是依據本能直接做出判斷，然後再找一些冠冕堂皇的理由來說明自己的判斷多麼正確。 海特的研究也發現，在聽到前文提到的親兄妹做愛的故事時，很少有人會進行複雜的道德推理，然後得出結論：親兄妹做愛有不妥之處。相反，大多數人會立即說親兄妹做愛是不對的，然後他們開始找各種理由來支持這一判斷。

比如，有人指出，親兄妹做愛會有懷孕的風險，因為雖然兩人都採用了避孕措施，但沒有一種避孕措施能百分之百成功；有人則認為，這對親兄妹以後在情感上會受到傷害，即使故事中明確指出這種傷害是不會發生的。也就是說，情感直覺在前，理性隨後為之辯護。如果說人的感性像隻狗的話，那麼理性就像狗的尾巴。

從道德判斷研究出發，海特又追蹤到了心智衝突問題，並試圖通過理解情理矛盾的實質,來提升人的生活品質。

在理性是條狗尾巴的比喻之後,對於情理之爭,海特又給出了一個更具影響力、更適合傳播的比喻:象與騎象人。他認為,人在進化中形成的內心直覺、本能反應以及情緒和感覺,就像一頭大象;而有意識的、控制後的思維以及理性就像是一個騎象人。

從二者的關係來講,大象的力量很強大,騎象人無法違背大象的本意來命令大象,他更多的是大象的"顧問"。象與騎象人其實難成對手,實力並不對等。對於二者的關係,海特更傾向於休謨的觀點,不過他認為,理性並不是情感的奴隸,說理性是情感的僕人或顧問更恰當一些。

所以,不要總覺得你可以做出理性的選擇,可以指揮意識進行思考,甚至認為自己可以通過意志力應對本能。作為一個騎象人,你要做的,更多的是在尊重大象本意的基礎上,與大象合作,這樣才能以理帶情,最後馭象而奔。聽起來好像挺有道理,但在現實生活中究竟該怎麼做?比如,生活中有那麼多煩心事,你的大象現在就是不開心,那騎象人該怎麼處理呢?有沒有具體的做法?

當然有。雖然海特並沒有給出具體的調整建議，但我們可以根據其思想，總結出一些世俗化的、可操作的情緒調節之道。

騎象人的平衡策略

▶ 不與大象"硬碰"，帶著情緒往前進

首先，在思想上，你要做好心理準備：人生不如意事十之八九。人總有不如意的時候，這時候，僅僅強調理性是不行的，還要承認大象的存在。大象也是有尊嚴的，不要與它"硬碰"或"死對頭"，這種努力往往毫無意義，而且也會消耗你自己的意志力。你應該帶著情緒活，順勢而為。

其次，在行動上，你要做好充足的備案。學心理學的一個好處是，在某種情況下，你會知道要發生什麼事以及你可能的心理感受是什麼，這樣你就可以事先做好充足的準備：有準備，就會不慌；有準備，即使大象瘋了，你也有辦法。予己予人，你可以從以下兩種策略入手，讓大象沿著騎象人預期的方向前進。

▶ 喚醒騎象人，再安撫大象
（先喚醒理性腦，再安撫情緒腦）

喚醒騎象人，再安撫大象的意思就是，先喚醒理性腦，再安撫情緒腦。

有的學生曾問我："遲老師，我和女朋友分手了，但我還是沒辦法從中走出來，還是很關心她的一切。我很難過，該怎麼辦？"這是很常見的一種苦悶。那麼，該怎麼解決呢？是讓他改變態度，不忘初心，砥礪前行嗎？還是讓他難過下去，或者安慰他"舊的不去，新的不來"呢？

都不是。還記得前文說的大腦的進化嗎？對於理智腦和情緒腦這兩部分，一方興奮時，往往另一方受抑制。換句話說，在某個時刻，要麼是大象主導，要麼是騎象人主導。當一個人失戀的時候，情緒腦主導，理智腦受到抑制，人會感覺痛苦，渾渾噩噩；如果將理智腦喚醒，使得情緒腦得到抑制，那麼痛苦就會減輕。所以，**解決失戀的痛苦之道，是別惹大象，召喚騎象人，即喚醒理智腦**。人在失戀以後，應該背單字、做習題等，如果能全身心投入，情緒腦會得以抑制，大象的精力就沒那麼充沛了，人就不會過於悲傷了。另外，有研究表明，人在消極情緒狀態下，做精細的且需要耐心的工作會更好。所以，我們在大學生身上常見到的一種表現是：人一失戀，就容易通過英語六級。

當然，一個人在情緒不良的時候，也容易沾染一些惡習。有研究發現，當人遭受他人排斥時，與生理創傷相關的腦區會活躍起來，也就是說，被孤立的人真的會身心俱痛。於是，很多人會通過麻醉劑、興奮劑來緩解這種痛，這些藥物本來的用途就是止血鎮痛。這也是許多人在失戀或失意之後，想要喝個爛醉如泥的心理原因。

此外，**喚醒理智腦並抑制情緒腦的一個更簡單的方法，就是玩電子遊戲**。玩遊戲比背單字容易，所以一些人會在情緒不良時沉迷於遊戲。其實，玩遊戲基本上是平穩情緒最經濟的一種方法了。

情緒不良是一種危機，它可能會導致你沾染惡習，也可能會幫你通過考試，至於最終結果，就看你的選擇了。對於失戀的人，我想說一個很勵志的故事：曾經有個男生失戀後，他就沉浸於喚醒理智腦的程式設計中，然後建立了一套對本校女生的打分系統，後來，Facebook 誕生了。這個男生就是祖克伯。

▶ 先穩定大象，再覓騎象人
（先穩定人的情緒，再對其講道理）

先穩定大象，再覓騎象人，其實就是**先穩定人的情緒，再對其講道理**。

對自己來說，情緒不穩的時候，可以做點理智的事，來喚醒騎象人；那麼對別人呢？可能正相反，需要先安撫其大象，再喚醒其騎象人。也就是說，在面對一個激動或憤怒的人時，先別著急給他講道理，而是先穩定他的情緒，讓他的大象安靜下來，然後再和他的騎象人對話。

舉個例子。現在，一些主管、校長或主任等領導，往往會在自己的辦公室，擺放一套工夫茶具。幹什麼用的，是用來享受的嗎？並不是，其實很多時候，工夫茶具是輔導用的道具。

比如常見的一種輔導工作情境：某個年輕人滿腔怒火、氣衝衝地來到領導辦公室。"領導，這個工作我沒法做了！"這時候，領導會怎麼做？是和年輕人講"為什麼你不能做？人家老張、老王、老李都能做，你年紀輕輕為什麼做不了"呢？雖然是這個道理，但問題是，這時候年輕人的大象在縱情馳騁，說這些無異於對牛彈琴。有經驗的領導會怎麼做呢？他們往往先不談正事，而會說："來來來，別著急，先喝杯茶。"

然後，領導擺出工夫茶具，洗碗、備茶，準備半天，就是不給年輕人喝。原因何在？是他捨不得一杯茶嗎？當然不是，實際上，他在消磨時間，讓年輕人的情緒穩定下來。這就顯示出了工夫茶的妙用了：工夫茶，講的就是"工夫"；不花上一段時間，是準備不好的。

當年輕人情緒穩定下來了（如果還不穩定，領導會再來一遍），領導會把茶往他面前一放："年輕人，有什麼事，我們慢慢說……"這就是用工夫茶做輔導的秘密所在：一杯茶，平復了年輕人的情緒，消耗了他的大象的氣力；他的大象安靜了，領導再和他的騎象人對話。

還記得前文提到的親兄妹做愛的故事嗎？在研究中，海特為了強化效果，還給這種爛事找理由"開脫"。一種是非常扯的，比如告訴被試者："親兄妹做愛，那麼世界上就會有更多愛了啊！"；另一種是相對合理的："我們對親兄妹做愛的厭惡，其實是進化而來的──為了避免生育缺陷，人類逐漸演化出了這種適應性本領。但在這個故事中，兄妹倆都採取了避孕措施，其實就沒有必要擔憂了。"後一種解釋的說服力就好多了吧。

那麼，對於聽到這個故事的人來說，第二種理由的說服力真的會比第一種理由好嗎？

如果一個人在聽完故事後馬上做出評價，那麼這兩種理由的說服力沒有區別，他不在乎解釋對還是不對。如果他聽完故事等兩分鐘再做出評價，那麼第二種理由的說服力就會顯現出來，他會對兄妹倆人的事表現出更大的寬容。

原因何在呢？

當人聽完故事立即做判斷的話，就是憑直覺，確定態度，然後由理性幫著找理由。而當人聽完故事稍停片刻再做判斷，飛速的情感閃念已經過去，人會更深入地思考，然後做出判斷。

這不正對應工夫茶的例子嗎？做他人的輔導工作時，如果對方處在情緒激動狀態，那麼他此時基本上是憑直覺做事的，你說得再有道理，他也聽不進去。

這時候,對他來說,理性就是感性的律師 —— 感性在哪裡,理性就會拼命為其辯護。

而你如果稍等片刻,等他情緒平復以後再和他講道理,情況就大為不同了。此時,他會認真思考你說的話的是非曲直,然後做出理性的判斷。

總結來說,對於人的感性與理性的衝突,海特從研究道德判斷出發,結合腦的進化發展,給出了象與騎象人的實質性判斷。在此基礎上,我們也據此構建出應對自己和他人情緒不良的具體方法。

QUESTION

10

有沒有快速且易操作的減壓方法

卡巴金發展出了一項經典的 8 周的課程方案，這就是基於禪修的正念減壓療法。在這一系列課程中，每天所需時間為 2～3 小時，具體練習包括坐禪、身體掃描、行禪等，其中坐禪為 45 分鐘。

解惑大師

最佳解方

> 正念減壓訓練就從吃一顆葡萄乾開始。

卡巴金 JON KABAT-ZINN

研究「緩解焦慮」心理學家

壓力，是這個時代的頑疾。這些年，各行各業，找我做減壓輔導的人越來越多。我有時候開玩笑說："天天講壓力管理，講得我自己都有壓力了。"不過，玩笑歸玩笑，雖然我的研究興趣不在壓力管理，但我一直關注著這方面的研究與應用進展，以期把一些科學好用的方法介紹給有需要的人。那麼，有沒有一些科學、快速且容易操作的心理學手段，適合那些生活節奏快、性子急的人呢？

當然有，比如本章要介紹的源於東方、成於西方，並流行於眾多知識階層的正念減壓療法（Mindfulness-Based Stress Reduction，MBSR）。這種療法源自美國心理學家喬·卡巴金（Jon Kabat-Zinn）博士的研究。卡巴金是一位科學家、作家兼禪修導師，也是麻省理工學院的分子生物學博士、麻塞諸塞大學醫學院名譽醫學教授，他更為大家熟知的身份是"正念減壓之父"。卡巴金結合西方醫學研究與東方禪修傳統，開發了正念減壓的系統化專業課程。由於他為各類受身心困擾乃至疾病折磨的人帶來了減壓效果，使得正念的思想逐步進入歐美主流社會，如今在醫療、心理、健康護理等各領域以及各級學校、企業、監獄，都掀起了正念浪潮，連google、Facebook、NBA 都將正念納入了內部訓練，蘋果公司甚至將正念訓練做成手機應用程式，安裝在 iPhone 裡。《時代》雜誌將這場正在進行中的正念運動稱為"正念革命"。

正念的減壓理念

▶ 正念從吃葡萄乾開始

那麼，在接受卡巴金的正念減壓治療時，我們需要做些什麼事呢？很簡單，但又很特別，往往從吃一顆葡萄乾開始。如果你身邊恰好有葡萄乾或某種堅果之類的零食，可以按照以下正念課程中常見的引導試一試：

把幾顆葡萄乾放在手裡。如果沒有葡萄乾，其他食物也可以。想像自己剛從一個遙遠的星球來到地球，那個星球上沒有這種食物。

現在，葡萄乾在你手裡，你需要用你所有的感覺來探索它。

選擇其中一顆葡萄乾來觀察，就好像你從來沒有見過和它類似的東西一樣。集中注意力看它，仔細觀察它，探索它的每一個部分，如同你以前從未見過它一樣。用你的手撥動它，並注意它是什麼顏色。

注意葡萄乾的表面是否有褶皺，再看看它的表面哪些部分顏色較淺，哪些部分顏色深暗。

接下來，探索葡萄乾的質感，感覺一下它的柔軟度、硬度、粗糙度和平滑度。

當你這麼做的時候，如果出現以下想法，如"我為什麼做這種奇怪的練習？"、"這對我有什麼幫助？"、"我討厭這些東西。"就隨它們去吧，再把注意力帶回葡萄乾上。

把葡萄乾放在你的鼻子下，仔細地聞它的氣味。

把葡萄乾放到耳邊，擠壓它，撚動它，聽一下是否有聲音。

接著，慢慢地把葡萄乾放到嘴裡，注意一下自己的手臂是如何把它放到嘴邊的，或者注意一下你是何時開始意識到自己嘴裡的口水的。

把葡萄乾緩緩地放入嘴裡，並置於舌頭上，先不要咬它，仔細體會它在嘴裡的感覺。

當你準備好時，有意地咬一下葡萄乾；注意它在你嘴裡是如何從一邊"跑"到另一邊的。同時，注意它散發的味道。

慢慢地咀嚼，注意你嘴裡的口水；在你咀嚼葡萄乾的時候，注意它的黏稠度是如何變化的。

當你準備吞咽葡萄乾的時候，有意識地注意吞咽這個動作，然後注意吞咽它的感覺。最後感受它滑入你的喉嚨，進入你的食道，再進入胃裡。

這樣吃一顆葡萄乾會有什麼感覺呢？你可能會發現：哇！自己以前狼吞虎嚥、心不在焉地吃東西習慣了，吃東西都沒感覺了，現在用這種慢條斯理的吃法，開始從一個新的角度看世界，感覺確實不一樣。當然，你也可能會覺得：這太愚蠢了吧！不就是吃一顆葡萄乾嗎？需要這樣折騰來折騰去的嗎？

事實上，這種做法既不愚蠢，也不會令人難受，它就是著名的正念飲食法。那麼，這種方法和思路為什麼能夠減壓？道理何在？科學不科學呢？

▶ 正念減壓的益處

正念，英文是 mindfulness，它指的是一個人對當下經驗不加評判地覺察與注意，通常要求人以一定的距離來觀察自己當下的想法，但不評判其好壞或對錯。正念的"念"字很形象，"今"上"心"下，也就是說人應該把心放在當下，有意識地覺察，活在當下，不評判。這個簡單的漢字基本涵蓋了正念的意義。卡巴金把正念引入正念減壓療法中，正是希望患者通過集中自身的意識和注意來提供真實的感覺和知覺，進而減輕生理痛苦和心理痛苦，改善應對能力，提高主觀活力。

那麼，該如何集中自身的意識和注意呢？如果給美國人講"活在當下"的東方神秘智慧，他們非崩潰不可。卡巴金就化繁為簡：大家都喜歡吃，所以，**正念訓練就從吃一顆葡萄乾開始。通過這種方式吃葡萄乾，人會將意識和注意力集中在葡萄乾上，這其實是一個站在更高的角度來觀察自己身心感悟的過程。**

正念吃、正念喝、正念行走、正念生活……通過關注當下來增強意識，這種專注訓練往往會讓一個人對日常生活的看法發生根本性改變。當個體面對的不再是一顆葡萄乾，而是生活中的壓力和痛苦時，其感知和態度也會隨之改變。卡巴金及其後繼者的研究也證實，正念冥想對大腦活化、與情緒相關的身體反應、同理心與慈悲心有重要的激發作用；正念還可以緩解抑鬱、焦慮、疼痛和失眠，改善人的專注力，讓人更快樂。此外，正念訓練還可以啟動額葉並強化左腦半球的功能，使得記憶得以整合，同時也會促發與積極情感相關的腦電活動。

那麼，這種認真吃顆葡萄乾的正念態度為什麼能減壓？為什麼它對大腦及心靈有好處呢？道理何在？

人生在世，生老病死，貪癡嗔癡。人在面對各種欲望與痛苦時，是戰鬥還是逃跑？抗擊打不贏，回避逃不掉。正念強調另外的態度：接納和不評判。接納一系列身心症狀，而不是爭鬥、回避或壓抑；接納自身內外的事物和狀態，只感知和覺察，不帶任何可能的主觀評價，無論它們是好還是壞，積極還是消極，值得還是不值得。比如，你原來的狀態可能是"我很痛苦，難受想哭"，越執著越痛；現在則站在更高的角度感受這種痛苦，以"不評判的接納"的正念姿態，接受這種想哭的感覺，與痛苦相伴，同壓力共舞，結果你發現，痛苦緩解了，壓力感減輕了。

▶ 正念減壓療法深受佛教、禪宗影響

作為一種新興的心理治療理念與技術，正念減壓療法越來越受到各界的重視，其影響力也在與日俱增。有人甚至將正念減壓療法稱為"認知行為療法的第三次浪潮"。在認知行為療法的第一次浪潮中，人們在心理治療中注重行為的矯正，試圖通過改善行為來影響心靈。

在認知行為療法的第二次浪潮中，人們在心理治療中注重認知與行為的結合，試圖將改變觀念與提升行為相結合來影響心靈；在認知行為療法的第三次浪潮中，人們認識到，在改善行為之前，更重要的是強調對當下的覺察與接納，將傳統的心理治療觀點轉變為：**先認識與接納，再談改變**。當前的正念減壓療法、接納承諾療法、辯證行為療法等，就是這一浪潮的代表。

當然，對當下的覺察與接納與以往的一些心理治療思路是相暗合的。比如，精神分析中的自由聯想強調的就是讓自我意識暴露，不壓抑自己。另外，森田療法的順其自然、正

面接受、為所當為的思想內核，與正念減壓療法基本一致，只不過二者強調的具體技術有些區別。其實這並不奇怪，森田療法的創立者森田正馬是日本人，而正念減壓療法的創立者卡巴金是印度裔美國人，兩人的理念都和佛教、禪宗等東方思想有淵源，他們都借鑒了古老的東方智慧。

8 周正念減壓療法課程

講到這裡，你或許會有些疑惑：正念和禪宗、冥想等有什麼區別？為什麼卡巴金的正念減壓療法是科學的呢？要想知道答案，還得從正念革命的源頭說起。

當初，正念革命只是一場地下運動。對，你沒有看錯，正念減壓療法確實是從地下開始。這裡的"地下"不是比喻意義的"地下"，而是實體意義的麻薩諸塞大學醫學院的地下室。

卡巴金是印度裔美國人，父親是一位生物醫學家，母親是一位畫家，可以說他是科學與藝術的結晶。後來，卡巴金在麻省理工學院取得了生物學博士學位，同時也是諾貝爾獎得主薩瓦爾多·盧裡亞（Salvador Luria）的高徒，但即使如此，科學也沒有完全滿足他的好奇心。大學期間，卡巴金聽了一場禪修的講座，立刻被迷住了，之後他不停地學習，內觀禪修，成了一名禪修導師。

1979 年，35 歲的卡巴金已經是麻薩諸塞大學醫學院的年輕教授，精力旺盛的他不想著如何搞生物學研究，卻想在患者中推廣禪修。在當時的社會背景下，卡巴金在醫學院科學取向部門搞禪修這種帶有濃厚的東方神秘主義的東西，純屬不務正業。不過，作為諾貝爾獎得主的門徒，卡巴總不會亂來吧？麻薩諸塞大學醫學院認為，卡巴金還年輕，有精力、有想法，就讓他試試吧，於是就把地下室的一塊場地給了卡巴金，隨他折騰。一開始，卡巴金也不知道給他的診室起什麼名稱合適，為了讓大眾更能接受，他就起了一個宗教色彩不太濃厚的名稱：減壓診所。

患者從哪裡找呢？卡巴金開始向醫生們求助，請他們把那些有嚴重身心疾病的患者介紹過來做練習，如患有各種慢性病、心臟病、抑鬱症等疾病的患者。有些患者長期遭受病痛，西醫沒有辦法了；有些患者的病痛，甚至連傳統的止痛藥都不起作用了。醫生們也頭大，就想：既然卡巴金需要，那就把患者推薦給他，死馬當活馬醫吧。所以，最初來減壓診所的患者並沒有禪修的興趣，只是希望來這裡緩解自己的病痛。

沒料到，經過卡巴金的"調教"，很多患者的病痛還真有所改善，這出乎眾人的意料。之後，醫生們也就更願意介紹患者來了，患者好了以後開始向別人宣傳，日復一日，年復一年，正向循環，減壓診所的影響越來越大。而卡巴金的影響也從地下室走向地上，並進入主流社會。

通過和患者的不斷磨合，在科學研究的基礎上，**卡巴金也逐漸發展出了一項經典的時長 8 周的課程方案，這就是基於禪修的正念減壓療法。在這一系列課程中，每天所需時間為 2～3 小時，具體練習包括坐禪、身體掃描、行禪等，其中坐禪為 45 分鐘。**

正念的人生態度

▶ 正念的熱潮不可擋

正念確實火紅了。卡巴金自己也說："在很多國家和文化中，人們已經發現了它不可阻擋的趨勢，原因就在於它具有科學依據。"對於正念，美國的員警在用，學校在用，軍隊在用，矽谷的知識精英們也在用，他們每年還會辦一次"智慧2.0時代"的正念大會，把正念與創新、領導力等聯繫起來——有人的地方就有心理學，有心理學的地方就有正念。

當然，也有人從中看到了商機，於是，各色人等粉墨登場，熱鬧繁榮，好壞摻雜，國內外都一樣。現在，你在網路上搜"正念"、"培訓班"等關鍵字就會發現，各種各樣的相關培訓讓人眼花繚亂：有大學辦的，有寺廟辦的，有各種培訓機構辦的；有8天的，有兩周的，還有一個月的；內容更是五花八門，有純正念的，有與禪宗結合的，有與瑜伽結合的，有與舞蹈結合的，還有與領導力結合的……更有甚者，在正念訓練時，有人將宗教、減壓、身心靈、成功學等熔於一爐，正邪派內容摻雜其間，讓專業人士大跌眼鏡，也讓參與者無所適從。

中國的"正念熱"讓卡巴金本人都感到驚訝：旨在為患者減壓的療法在中國竟變成了賺錢的生意，自己當初設計的正念課程目標可不是這樣的呀！

▶ 正念代表了一種人生觀

由於宗教傳統、翻譯問題及市場問題,正念熱潮下暗流湧動。接下來,我稍作梳理,歸納各家的想法,以便大家能辨別真偽。

科學界人士的想法以卡巴金為代表:雖然他愛好禪修,但因為宗教與科學的分割,他便把佛教中的宗教部分去掉,發展出了正念。科學在不斷發展,所以現在在科學界,一些研究發現正念的確有效;不過,另一些研究則發現,正念有其適用性,不是任何人都能用的。比如,罪犯練正念的話,他們會不加批判地接納自己的想法,可能會越來越想犯罪了。再比如,正念用在癲癇患者身上,不僅沒有效果,還會導致患者的狀況變得更嚴重。

佛教界的想法:正念是佛教"八正道"之一,科學界不能只取一種基本訓練方法。要想有效,就得全盤接受佛學的思想,這樣就沒問題了。去宗教化而只保留正念的技術部分,以為是取其精華、去其糟粕,但實質上已偏離正途,屬於捨本逐末。

科學與宗教不相容,所以將佛學去宗教化,形成了正念，但研究表明正念也存在一些不足；而佛教界說這些問題與正念無關，是去宗教化的結果。這樣陷入封閉循環了，無解。

培訓界的想法則很簡單：市場說了算，哪種方法賺錢，就用哪種。原先的訓練經過正念的包裝能賣錢，那就包裝。

由此可見，現在正念培訓市場很複雜：既有科學界去宗教化的正念訓練，也有佛教界所謂正本清源的正念訓練，還有市場化為了湊熱鬧賺錢的正念訓練。所以，你要想參加正念訓練的話，一定要擦亮眼睛。

當然，正念訓練市場的雜亂既說明了正念研究和實踐需要繼續發展，同時也展現了正念對我們生活的意義。歸根結底，與其說正念是一種療法，不如說它代表了一種人生觀：**在減壓之外，培養專注、接納、信任和耐心，體驗生命本身的富足和美好。**正念宣導的這種人生態度，不正是當下這個浮躁社會缺乏的嗎？

踐行正念的人生態度，就像卡巴金等人在《改善情緒的正念療法》一書中為我們描繪的那樣：

當我們不再逼迫自己快樂時，
快樂便自行出現了。
當我們不再抵抗不快樂時，
不快樂便主動撤退了。
當我們不再主動出擊時，
一個嶄新而出乎意料的世界便展現在我們眼前。

大/師/小/講

從佛學到科學的正念減壓療法

中國人對卡巴金宣導的正念其實是比較熟悉的。正念在正式成為科學概念之前，它在東方佛教領域已經有超過 2500 年的歷史。在佛教中，正念主要被當作一種教義和方法，用來緩解修行人的苦楚，並幫助他們實現自我覺醒。而卡巴金所說的正念與佛教的正念又有些不同。

首先，佛教中的"正念"一詞來自巴厘語 Sati，有"覺察"、"專注"、"記住"之意；而卡巴金特意選了一個宗教意味不大明顯的英文單詞 mindfulness，這個單詞直譯過來是"留心"、"注意"。在翻譯的時候，中國的心理學者一開始將 mindfulness 翻譯成了專業意味比較強的"心智覺知"或"沉浸"等，後來發現佛教用語"正念"更符合其本意。所以，卡巴金想擺脫宗教的努力，又被我們中國人拉回來了。

卡巴金為什麼要把正念去宗教化呢？原因很簡單。雖然他熱愛禪修，在治療實踐中也利用了佛教的一些思想和技術，但他認為宗教和科學分屬兩個體系，所謂"敲鑼賣糖，各管一行"。醫院這種正宗的科學取向部門，畢竟和宗教是有些不相容的。比如，某個基督徒來問診，卡巴金讓他通過佛教手段來治病，既不好說也不好聽，而且還容易引起爭議。所以，為了獲得科學界的認可，也為了獲得更多族群的認可，即便正念源於佛教禪修的理論，卡巴金在涉及正念的概念和訓練內容等方面儘量不提佛教，完全不涉及佛教的儀式、信仰，且有意回避佛教的專業術語。

正是由於卡巴金進行了這樣的處理，正念減壓療法經過 30 多年的發展，已經成了許多心理療法的統稱。這些療法，除了在來源及理論上還帶有一些佛教的烙印，其他方面包含的宗教成分已經非常少了。因此，有人指出，正念減壓療法是一種完全科學的治療方法，是西方行為療法的延伸與發展，而相關的科學取向研究也越來越多。

所以説，卡巴金的"正念"與佛教中的"正念"其實在實質上是有不同之處的。你可以通俗地理解為：卡巴金的"正念"是去宗教化的禪修內觀；而佛教的"正念"則是一系列思想信念、修行方式的一部分。卡巴金本人代表了一類受過科學訓練且有禪修經驗的科學家，他們默默耕耘，把一個處於學術邊緣、帶有神秘色彩的概念帶進了科學和文化領域。

QUESTION 11

在職場中遇到心儀的人，該試著談一場戀愛嗎

如果一方跨越邊界，將性的因素混進其中，可能會導致兩種結果：一種結果是，彼此的感情更進一步，並逐漸發展為戀人；另一種結果是，一方的誤判，"郎有情，妹無意"，甚至失去一個好的工作夥伴。

解惑大師

華生

JOHN BROADUS WATSON

研究「行為主義」心理學家

最佳解方

> 理智選擇,趨利避害;別輕易開始,但開始了就不後悔。

上學的時候，我們都渴望譜一段青春戀曲，留下一段如梁山伯與祝英台一般的情感記憶。畢業後進入職場，我們希望有一段刻骨銘心的愛戀，有人甚至渴望"霸道總裁愛上我"的豔遇。

　　職場戀情，也叫辦公室戀情，英文寫作 workplace romance，直譯過來是"工作場所浪漫"，指的是同一組織中兩個成員之間的親密關係。美國職場調查資料表明，每年的職場戀情以千萬計，近一半（40%～47%）的職場人士經歷過職場戀情；被調查者也表示，職場戀情比過去更為普遍，"千禧一代"的年輕人越來越認同職場戀情，且 84% 的人都希望與同事談戀愛。

　　既然職場戀情如此普遍，那麼，在職場中遇到心儀的人時，我們應不應該奮不顧身地投入一段感情中呢？對此，心理學有哪些確切的研究和建議呢？

恐懼實驗與職場師生戀

　　心理學建議先不談，心理學界的職場戀情教訓倒是可以先說一說。接下來，我要說的就是美國著名心理學家華生的故事。當年，37 歲就當選美國心理學會會長的華生，可謂心理學界的風雲人物。1910 年至 1919 年的近 10 年間，在心理學家影響力排行榜上，華生高居榜首；在隨後的 1920 年至 1929 年，華生的影響力位居次席，居於榜首的是佛洛伊德。華生當年在心理學界的地位之顯赫、影響之大、氣勢之強勁，可見一斑。

　　同時，華生還是一位年少英俊、充滿激情與魅力的心理學家。多年後，有女粉絲還稱讚他："華生是我見過的最英俊的心理學家！"無論在研究方面還是在愛情方面，華生都是特立獨行、光彩奪目的一個人。但就是這樣一個人，卻在心理學研究的過程中因職場戀情出了事。

　　華生的研究主要源自對馮特及其它的心理學的不滿。他認為，馮特、佛洛伊德等人天天搞的意識、無意識和潛意識，看不到也摸不著，很無聊，要想將心理學變成一門科學，必須拋開這些說不清道不明的研究對象，研究外顯的行為。由此，華生撐起了行為主義的大旗，有眾多擁護者，年紀輕輕就成了和精神分析學派對抗的領軍人物。

當然，華生不只是說說而已，而是真的做了研究，來證明人的恐懼等一些心理表現不是種族的遺傳本能，也並不是源於佛洛伊德所說的童年經歷，而僅僅是一種養成的行為習慣。為了證明這一點，他做了一項在心理學史上堪稱石破天驚的研究。華生找來一個叫"小阿爾波特"的11個月大的孩子，然後為他呈現一隻小白鼠。小阿爾波特不知所以，便要去摸它，這時"咣噹"一聲，華生在他後面敲了一下鐵棒，把他嚇哭了。接著，華生又給小阿爾波特呈現小白鼠，他還想摸，華生又敲鐵棒，他又哭。就這樣，華生連續做了幾次。後來，小阿爾波特一見小白鼠就哭；再後來，他不只看見小白鼠會哭，看見兔子、狗、毛大衣也會哭，甚至看見聖誕老人的白鬍子都哭。華生通過這個充滿創意但並不人道的實驗揭示了孩子的恐懼是學習得來的。也就是說，人是環境的產物。

之後，華生用一段話闡明了人的可塑性："給我一打健康的嬰兒，如果讓我在由我所控制的環境中培養他們，不論他們的前輩子的才能、愛好、傾向、能力、職業和種族情況如何，我保證能把其中任何一個人訓練成我選定的任何一種專家：醫生、律師、藝術家、富商，甚至乞丐和盜賊。"

相對於佛洛伊德提出的帶有陰鬱色彩的童年決定論，華生的研究及言論雖然偏激，但無疑讓人眼前一亮，也給人們帶來無限希望。因為從本質上講，華生的觀點是一種環境決定論：設置好環境，就可以教育人，並改造社會。華生由此成為他所在的年代最偉大的心理學家，一點兒也不奇怪。

華生的這項恐懼實驗不僅嚇壞了小阿爾波特，也"嚇壞"了他的妻子。因為在這項實驗期間，華生天天待在實驗室，結果和自己的實驗助手——一個名叫羅莎莉的漂亮女學生戀愛了，他的婚外情史也由此"東窗事發"。

羅莎莉是一個聰明伶俐且年輕的"白富美"，出身世家，年輕貌美又有錢。羅莎莉與華生，一個是單純而又出眾的女孩子，一個是英俊瀟灑且充滿激情的年輕教授，兩人因為實驗天天在一起，相處時間長了，互生情愫毫不奇怪。華生在學問上揮灑自己激情的同時，未能守住感情的底線，之後和羅莎莉黏在了一起，兩人如膠似漆。

雖然當時華生已經是美國心理學會會長，事業正值上升期,激情滿懷的他有無限可能,但校方依然解雇了他。華生從此離開了心理學界,只在心理學的江湖留下了一段傳奇。

後來,華生離了婚,因為他是主要過錯方,給了前妻好多錢。好在羅莎莉確實是真心愛華生,即使他沒了工作,沒了錢,她還是和華生在一起了。

▶ 職場戀情愈來愈多

男人的激情,可以激發研究靈感,也可以葬送職業前程。在研究上,華生是偉大的思想家和前行者;在生活中,華生卻做出了錯誤的示範。如果華生沒有發生那段不倫師生戀,又會怎樣?歷史不容假設,但我認為,華生在理論上的偏激和冒進,與他在感情上的出軌和"釋放",是他個人的一體兩面,其內在的邏輯結構是一致的,像華生這種"革命者"的事業和愛情往往都充滿激情而又離經叛道。

再回到我們普通人的職場生活中來。那麼,一個富有激情的人,如何在工作中展現魅力,同時又能在感情上抵擋周圍的誘惑呢?對於職場戀情,每個身處職場中的人都可能會遇到,它現實嗎?可靠嗎?我們又該如何認識和面對職場戀情呢?畢竟即使像華生這種著名的心理學大師也做出了錯誤的選擇，那我們普通人該如何處理呢？

現在，各種書籍和媒體中都有關於職場戀情的探討，不過，大多數的討論都充斥著個人的觀感，尤其是在國內。接下來，我將介紹一些當下經典的心理學科學調查與研究結論，幫助大家找到問題的答案。職場戀情的專業研究可以追溯到心理學家羅伯特・奎因（Robert Quinn）在 1977 年發表的一篇研究文章。在這篇文章中，奎因探討了職場戀情的形成、影響以及組織的管理問題。從當下的研究來看，職場戀情在國內外都是比較普遍的現象，其原因主要包括以下幾點：

首先，隨著社會的發展，各行各業的職場女性越來越多，為職場戀情增加了更多的可能性。所以，職場中單身男性的機會越來越多了。

其次，隨著社會觀念的不斷進步，人們對職場戀情的態度越來越寬容。在很多領域，以往的職場戀情禁忌已不再是強制性要求，有的行業和組織甚至希望員工之間談戀愛，這樣更有利於組織成員的穩定性。

再次，生活艱難，謀生不易。許多人的工作時間越來越長，而在一些城市，上下班路上花費的時間也非常長，這種情況下，不在職場發展戀情，那要到哪裡去呢？哪裡還有時間和精力呢？所以在我看來，那些"加班"的工作場所還禁止職場戀情，簡直太不人道了。

最後，工作背景誘發的相似性、接觸機會的易得性等，也為職場戀情提供了便利條件。

總之，無論你喜不喜歡，職場戀情都很常見，容易發生，也難以避免。這就相當於中學生談戀愛，老師可能很頭疼，但屢禁不止，"生生不息"。

不過，在職場中，有一種情況需要特別注意，就是戀情的誤判。

我們在工作中常會說一句玩笑話："男女搭配，幹活不累。"確實，異性之間成為工作夥伴也是職場中的一種常態。有男有女，大家在工作中一起努力，一起集思廣益，更容易解決問題。有時候，工作需要時間和耐心，如果沒有合作夥伴，一個人很難完成；而如果合作對象是一位異性，兩人長期相處和合作，彼此之間產生認可和依戀是完全正常的事。

但工作中的這種認可和依戀與兩性戀愛之間的認可和依

戀是有差別的，差別在哪裡呢？會不會造成混亂？把"工作之情"誤判為男女之情在所難免。工作和愛情有相似之處：兩個人彼此在一起的時間越長，相處就會更融洽，相互之間的感覺也會更舒服；在工作中合作時間久了產生的男女之間的感覺，就類似於一對夫妻。這時候，**如果一方跨越邊界，將性的因素混進其中，可能會導致兩種結果：一種結果是，彼此的感情更進一步，並逐漸發展為戀人；另一種結果是，一方的誤判，"郎有情，妹無意"，甚至失去一個好的工作夥伴。**

別輕易開始職場戀情

那麼，該如何面對職場中兩性的交流與發展呢？該不該積極地發展一段職場戀情呢？接下來，我會介紹職場戀情研究的另一些發現，同時再提一些建議。

一是職場戀情有利有弊：有的修成正果，有的造成遺憾。

從現實來看，職場戀情對工作有影響嗎？答案是肯定的。以往的研究主要集中探討的是職場戀情的負面影響，比如導致工作中的嫉妒、偏心等，另外，職場戀情名義下的性騷擾問題尤其令人關注。不過，一些研究也開始展開了有關職場戀情積極意義的探討，比如有些研究發現，**想在職場中談場戀愛的人，他們工作時往往更積極，也更有熱情；而沒有職場戀情想法的人，他們的工作態度多是得過且過，工作積極性也有限。**一項調查發現，71％的"千禧一代"員工認為職場戀情會對工作績效和士氣產生積極影響。

除了對工作有影響，職場戀情對生活也會產生很大影響。美國的一項調查顯示，職場戀情是婚姻的最大殺手，許多人與心理學家華生一樣，由此走上了情感的不歸路。同時，也有研究表明，只有13％的人對待職場戀情的態度是認真的，且經受住了時間的考驗。不過，只有10％的職場戀情走向了婚姻。

當然，如果你正在經歷職場戀情，也不必擔心，因為在生活中，戀情發展為婚姻的比例也不高。

二是職場戀情男女有別：對男性有影響，對女性的影響更大。

俗話說，同事同事，一動感情就出事。職場戀情對男女兩性都有影響，但強度不同，"方向"可能也不一致。**男性在職場中談戀愛，人們通常會認為他們有魅力，是人生贏家；而女性在職場中談戀愛，則容易被誤解為"靠姿色上位"。**很多研究也表明，人們對職場戀情中的男性的看法更積極，認為他們更值得信任；而人們對職場戀情中的女性的看法則消極一些，認為她們不值得信任和關心。女性更可能為職場戀情付出代價，尤其是在其所戀之人的職位等級與她的職位等級不一致的情況下。

三是職場戀情存在等級差異：同級別問題不大，上司下屬問題多。

從職位等級上講，職場戀情可以分為兩類：差級戀情與同級戀情。前者指不同職位等級的人之間的戀情，如下屬和上司談戀愛；後者指同一職位等級的人之間的戀情，

如同事之間。研究發現，在職場中，上司與下屬之間的差級戀情更為普遍，但受認可度較低。大部分人比較認可同事之間的親密關係。不過，近期的調查發現，這種情況有所改變："千禧一代"的員工中，40% 的人認可下屬和上司約會，而之前是 14%。

其實，上司與下屬之間的戀情不太受大家認可很容易理解，因為**上司與下屬約會是很棘手的，很容易導致偏愛、搞特權，當然也包括性騷擾與性交易**。尤其面對一些上司，只有滿足了其個人的需求或性需求，才能換取自己的工作與職位的需求，這是一種非常功利性的戀情，甚至不能說是戀情，而是一場交易。這種職場戀情最容易出問題，進而影響工作。

四是分手尷尬：職場戀情最後的分手問題影響很大。

大部分的職場戀情往往以分手收場，這也是職場戀情比較令人尷尬的地方：兩人不愛了，還要在一起工作，抬頭不見低頭見，成為辦公室八卦的中心人物。最後，往往是一方甚至雙方離開公司。**下屬和上司談戀愛最難，如果戀情終結，則意味著下屬要離職，職業上受到的負面影響最大。**

綜合以上研究，對於職場戀情，我的總體建議是：**理智選擇，趨利避害；別輕易開始，但開始了就不後悔。**

職場戀情有利有弊，所在企業也不會坐視不管。一般來說，管理者總體上不鼓勵工作中的親密關係。由於利益輸送、性騷擾等原因，一些企業的人力資源政策明文禁止上司與下屬之間的戀情，如 IBM、輝瑞、沃爾瑪等企業都是這麼做的，但迄今為止，大部分企業並沒有做出明文規定。

職場戀情太難處理了，企業一般也不好做出明文規定。像華生這樣的心理學大師亦免不了，甚至還因此耽誤了自己的心理學大業。不過，我們也沒必要為華生擔心，因為他被解雇後，進入了廣告業，同樣做得風生水起，在當年年薪達到了 7 萬美元，基本相當於現在的百萬年薪。從生活層面上來說，這要比當心理學家舒服多了。

QUESTION 12

如何才能體驗到沉浸其中、忘記時光流逝的樂趣

在休閒活動上,將閒置時間用於運動、藝術或愛好;在工作上,完成了一項工作任務,可以給自己一點獎勵。

> 解惑大師

希斯贊特米哈伊

MIHALY CSIKSZENTMIHALYI

研究「心流」心理學家

> 最佳解方
>
> 目標明確、及時回饋以及難度適當,這是心流產生的 3 大要素。

有個名叫丁的廚師為文惠君宰牛。丁的手接觸的地方，肩膀靠著的地方，腳踩著的地方，膝蓋頂住的地方，都"嘩嘩"地響；刀子刺進牛體，發出"霍霍"的聲音。沒有哪一種聲音不合乎音律：既合乎《桑林》舞曲的節拍，又合乎《經首》樂章的節奏。文惠君說："嘿，好哇！你的技術怎麼高明到這種地步呢？"丁認為那並不是一種技術，他答道："我探究事物的規律，已經超過了對宰牛技術的追求。"他接著描述了自己達到這種境界的歷程，那是一種對解剖牛體的神秘的、發乎直覺的體悟。最後，牛肉經過他一碰，就好像自動分開似的。丁說："我宰牛時全憑心領神會，而不用眼睛去看；視覺停止了，但精神在活動。"

以上就是我們耳熟能詳的莊子所講的"庖丁解牛"的故事。其實，丁在宰牛時全情投入、享受其中，並"殺出"了藝術感的心理狀態，就是心流。心流這個概念是由心理學大師米哈裡‧希斯贊特米哈伊（MihalyCsikszentmihalyi）提出的。

心流及其特性

　　心流的英文寫作 flow，本來是"流動"的意思。把 flow 翻譯成符合「信、達、雅」三個標準的中文，其實是件難事，我見到就有"心流"、"福流"、"沉浸"、"福樂"、"化境"、"流暢感"等多種譯法。本章選用的是"心流"的譯法，因為這種譯法的應用最為廣泛。此外，希斯贊特米哈伊本人也說過，他兒子是學東方哲學的，懂中文，後來父子倆經過商議，確認了"心流"這一譯法。

　　心流表述的是一個人身心完全投入某種活動的狀態，在這種狀態中，人會感到充滿活力，精神高度集中，忘記了自己和周遭的一切，也就是中國古人所說的"心與意合"、"物我兩忘"的狀態。**在希斯贊特米哈伊的理論中，幸福不是目標，而是追求目標過程中的附屬，是一個人全身心投入某件事情時，達到忘我的境界，並由此獲得內心秩序和安寧的狀態。幸福是一種最優體驗，而心流即是幸福的一種體驗。**

　　那麼，心流這種體驗有何特徵？我們如何才能達到這種幸福狀態呢？

和當年人本主義大師馬斯洛研究高峰體驗不同，希斯贊特米哈伊對心流的考察是純實證研究，他採訪了運動員、音樂家和藝術家等各類人群，使用了訪談、問卷調查、心理抽樣等多種技術，將心流的表現落到實處，並清楚地揭示了人在產生心流時的 7 大特徵。這 7 大特徵包括：

- **完全沉浸**。注意力高度集中，感覺對自己正在做的事情充滿熱情。
- **感到狂喜**。覺得自己從日常現實的瑣事中脫離了出來，進入另一種現實狀態中，類似於宗教人士在宗教場所感受到的那種喜悅，或普通人在劇院 / 舞臺等場所感受到的喜悅。
- **內心清晰**。知道哪些事情需要完成，以及到目前為止自己做得如何。瞭解自己的目標，並且清楚地認識到達到目標所需的努力。
- **力所能及**。儘管某件事情可能存在挑戰，但仍然相信自己能勝任。
- **產生平靜感**。對自己毫不擔心，甚至喪失自我覺察，連自己的基本生理需求都無法意識到。例如，有些人在全神貫注地寫作或打遊戲時，會進入一種廢寢忘食的狀態。
- **感到時光飛逝**。由於全身心地投入在當下的事情中，自己會感覺時間在不知不覺中飛速流逝。比如，專心致志地做某件事情時，猛然抬頭發現白天早已變為黑夜。

- **有內在動力**。認為自己做某件事情是源於內心的渴望和對它的認同，而心流的狀態又能說明自己完成這件事情，實現該目標。例如，一些作家在創作過程中，對於新作品的渴望會令其進入一種忘我的境界，而這種境界又使得他們的創作充滿了創造力。

當然，心流的產生不需要同時具備以上全部特徵。簡單點說就是，**當你做某件事時，投入其間，享受其中，感覺時間飛逝，即主觀時間改變，感覺時間"嗖"一下就過去了，這樣的感受就是心流，也就是你的幸福狀態**。

你有過這種狀態嗎？有沒有一件事讓你投入其間並享受其中，感覺時間"嗖嗖"而過？如果有，是什麼時候呢？

有人可能會說自己打麻將的時候有。打麻將確實可以讓人產生這種狀態，打著打著，一抬眼天亮了。其實在工作中也有，比如領導安排了一些工作給你，但時間很緊，於是你全情投入在工作中，忘記了吃飯，這也是心流產生的時刻。

再比如像我們當老師的，有時候講課講得興奮，在課堂上滔滔不絕、口沫橫飛，連下課鈴都聽不到了，後來一轉身，突然發現下節課的老師來了："哎呀，對不起，同學們，忘記下課了。你們繼續吧。"然後急匆匆奔走，這其實就是老師的幸福狀態。當然，這可能是以學生的"痛苦"為前提的。

再簡單點講，幸福就是感覺時間過得快。

比如你現在看這本書，感覺時間"嗖"一下過去了，這表明你讀書讀得挺愉快的。

如果你感覺這一星期"嗖"一下過去了，說明你這一星期過得很開心。

如果你感覺這一年"嗖"一下過去了，說明你這一年過得很幸福……

如果你感覺這一輩子"嗖"一下……等一等，這輩子就別"嗖嗖"了，還是好好活著吧。

這其實也說明，人這一生總是開心也不行，起起伏伏才是人生之常態。

大/師/講/堂

榮格領進門的心理學大師

埃希斯贊特米哈伊是當下流行的積極心理學奠基人之一，曾是芝加哥大學心理學系主任，曾在克萊蒙特大學任職。

塞利格曼曾稱他為"世界積極心理學研究領軍人物"，他的研究也反映了心理學研究方向的"巨變"：從緩解心理問題轉向如何獲得更優質的生活。本章借用他的研究，和大家談談如何達到心流這種最優體驗，並沉浸於幸福狀態。

縱觀心理學史，很多大師最出色的研究源頭往往和其個人獨特的人生境遇有關，希斯贊特米哈伊也不例外。

希斯贊特米哈伊出身於一個不錯的家庭，他的父親曾是匈牙利駐羅馬大使。他的早年生活很優渥，後來，這種生活被第二次世界大戰打破了。歷經戰亂，希斯贊特米哈伊的祖父母以及叔叔和叔母都去世了，而他的兩個哥哥一個被殺，一個被抓。他的父親不想為新政權效力，便辭職了。這樣一來，家裡的收入來源沒了。國恨家仇，讓希斯贊特米哈伊頓感感慨與困惑：為什麼寧靜的生活會被打破？為什麼成年人不好好過日子？人類為什麼會這樣？後來，他開始研究哲學、宗教、文學等，但沒有找到問題的答案。

畢竟希斯贊特米哈伊當時年紀還小，不會整天想著這些事，也想著玩啊，所以他在 14 歲的時候，用自己賺的錢準備去瑞士滑雪。

結果，他到了以後，天不作美，雪都化了，一片泥濘，他不知道該怎麼辦。他想去看電影，但電影票太貴了，又捨不得。為了打發無聊，希斯贊特米哈伊就看看報紙，得知有人在大學演講，談 UFO、飛碟之類的話題。

閒著也是閒著，聽講座也不要錢，希斯贊特米哈伊就去了。結果，演講的人並沒有研究 UFO、飛碟是怎麼回事，而是講到在歐洲，戰爭粉碎了美德、信念等所有一切，只剩下混亂，人們遭受了巨大的心理創傷。雖然許多歐洲人說自己看到了飛碟，但這並不是真的，只是特定社會背景下民眾的一種集體心理幻象：飛碟只是一種源自祖先的原型，是一種曼陀羅，源於人們的信仰。

是不是感覺似曾相識？其實，演講的那個人就是前文介紹過的精神分析大師榮格。不過，當年希斯贊特米哈伊並不知道，他只覺得榮格講的東西可以解決自己一直都感興趣的問題。

後來，他開始讀榮格的著作，並對心理學產生了興趣。不過在當時，歐洲並沒有學校教授心理學，也沒有心理學專業。所以，後來希斯贊特米哈伊漂洋過海去了美國。

希斯贊特米哈伊到達美國的時候，口袋裡只有 1.25 美元，他只好邊打工邊讀書，生活得很辛苦。他每天從晚上 11 點一直工作到第二天上午 9 點，然後回家睡兩三個小時，接著去大學讀書。就這樣，希斯贊特米哈伊堅持了 6 年，從心理學本科讀到了研究生。

後來，他在芝加哥大學獲得了獎學金，生活有所改善，之後又讀博士，他的研究方向就是本章所說的心理最優體驗——心流。2021 年，希斯贊特米哈伊去世，享年 87 歲。

進入心流狀態 8 種不同的心理過程

希斯贊特米哈伊認為，要想產生心流的狀態，最重要的原則是挑戰與技能的相互配合。也就是說，心流的產生依賴於個人技能與相關事件挑戰難度的相互配合。

從事件的挑戰難度與個人技能水準兩個維度出發，我們可以歸納出 8 種不同的心理狀態，即心流八通道模型（見圖 12-1）。

如何才能體驗到沉浸其中、忘記時光流逝的樂趣 **12**
心流・希斯贊特米哈伊

【圖 12-1】　希斯贊特米哈伊的心流八通道模型

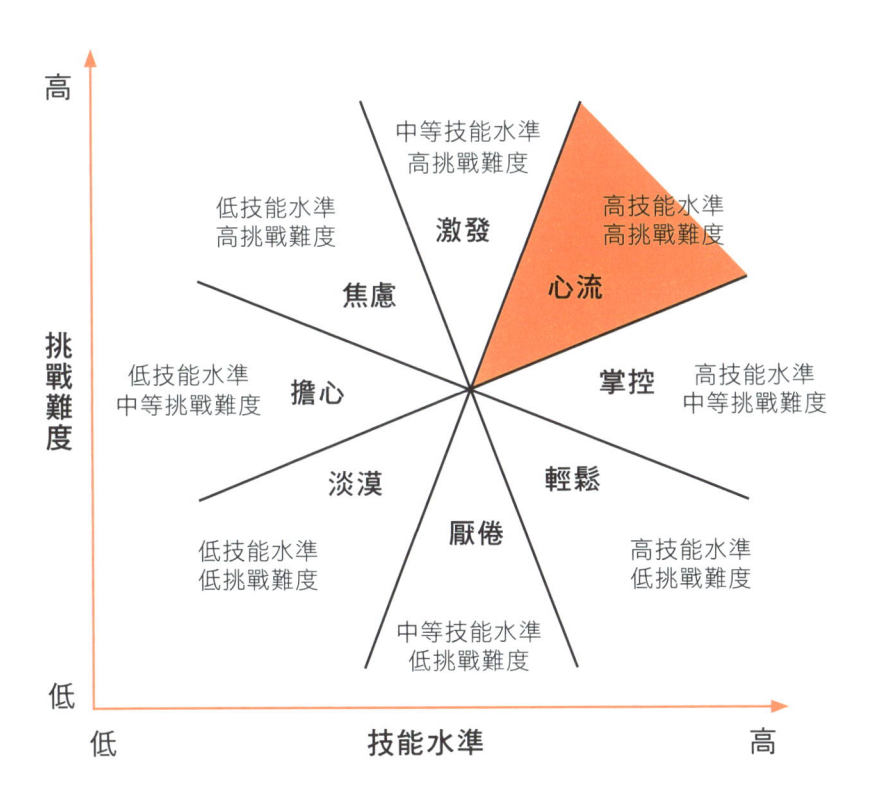

挑戰難度（高／低）　技能水準（低／高）

- 中等技能水準　高挑戰難度：**激發**
- 低技能水準　高挑戰難度：**焦慮**
- 高技能水準　高挑戰難度：**心流**
- 低技能水準　中等挑戰難度：**擔心**
- 高技能水準　中等挑戰難度：**掌控**
- 低技能水準　低挑戰難度：**淡漠**
- 高技能水準　低挑戰難度：**輕鬆**
- 中等技能水準　低挑戰難度：**厭倦**

當自身技能水準較高時：如果事件的挑戰難度較高，我們就比較容易在做事的過程中進入心流狀態；如果事件的挑戰難度處於中等，我們會有掌控（control）的感覺；如果事件的挑戰難度較低，我們會感到輕鬆（relaxation），覺得毫無壓力。

當自身技能水準處於中等時：如果面對的是挑戰難度較高的事件，我們會被激發（arousal），產生興奮感、緊張感，也會被激勵，並向心流狀態邁進；如果面對的是挑戰難度較小的事件，我們就會覺得厭倦（boredom）。

當自身技能水準較低時：如果面對的是挑戰難度較高的事件，我們會感到不同程度的擔心（worry）和焦慮（anxiety）；如果面對的是挑戰難度較低的事件，我們會感到無聊，同時又做不好，很容易陷入一種徹底的淡漠（apathy）狀態。

所以，**產生心流的前提是，自身技能水準與所面對的事件挑戰難度都處於中高等。**

順便提一下，一個有意思的發現是，對中國人而言，技能水準高而挑戰難度低的事件，也能讓人獲得心流狀態，可能主要是他人的欣賞帶來的良好感覺。那麼,當我們發現某件事情充滿挑戰,而自己的技能不足時,該怎麼辦呢?希斯贊特米哈伊的建議如下:

- 嘗試更多的事情。當內在動機存在時,人們更容易進入心流狀態。多試一試,總能找到自己的位置。
- 樹立明確而具體的目標,並主動尋找回饋。當目標越明確時,人們對自己的技能的認識就越清楚,也能夠更專注地努力。

接下來,我們具體談一談如何在休閒與工作中尋找心流。

在工作與休閒中得到幸福的秘訣

▶ 主動式休閒

相對來說,與工作相比,人們更喜歡休閒時光。然而,並不是所有的休閒方式都能讓人感到開心,更不用說找到心流了。希斯贊特米哈伊把休閒活動分成主動式休閒活動和被動式休閒活動兩種類型。

主動式休閒活動,如閱讀、體育活動、玩藝術、培養愛好、主動式社交等,需要學習與努力;而被動式休閒活動,如看電視、和朋友聊天、閱讀不費腦筋的書籍,並不需要消耗太多精力。

雖然都是休閒活動,但希斯贊特米哈伊認為,若將被動式休閒活動當作填補空閒的主要或唯一策略,必定會產生不良影響;一旦養成習慣,整體生活品質會明顯下降。**如果人們能將閒置時間用於運動、藝術或愛好,便可具備感受心流的條件**;如果空閒期間無所事事,人的精神混亂度將大為升高,整個人只覺得懶懶散散,興趣全無。

當然,選擇主動式休閒活動雖然有利於產生心流,但過程卻不輕鬆。要想讓你的休閒時間得到最妥善的運用,你需要付出專注與才智,比如彈鋼琴或下圍棋等休閒活動,需要不斷刻意練習,提高技能,這樣才能保持心流體驗。

此外,許多名人的成功恰恰來自主動式休閒活動:"遺傳學的奠基人"孟德爾生活中的愛好是做基因實驗;佛蘭克林玩避雷針也是基於個人興趣;達·芬奇搞了那麼多奇奇怪怪的發明,也並非其他人逼他做的……

在當今社會，很多人面臨的一個問題是工作不自由，休閒無目的。解決方案在於回歸人的本性，就像古人的狩獵和採集那樣，將工作和休閒集於一身。雖然生活艱難，但至少我們在休閒時能注意活動方式。

▶ 遊戲式工作

最後，我們來談談工作中的心流。

談工作前，先說說電子遊戲。當下，很多成年人和青少年都沉迷於電子遊戲，為什麼呢？原因很簡單，遊戲就是基於人的心流規律設計出來的。

玩遊戲能讓人快速進入狀態：一開始，你就有明確的目標，那就是贏或達到某種等級以及獲得多少分。在玩遊戲的過程中，目標被分解成一項項小的任務，當你完成這些任務後，你就會升級——每時每刻，你都知道自己離目標還有多遠。玩遊戲的同時，系統會及時地給你回饋：任務完成或任務失敗，贏還是輸。

系統不斷刺激你的大腦，告訴你什麼時候應該做什麼，你目前的局勢如何，然後一步步引導你朝目標邁進。你的大腦完全被佔據，注意力高度集中，根本沒有時間想其他的事情。**目標明確、及時回饋以及難度適當，這是心流產生的 3 大要素**，它們在遊戲中都存在。當下，許多網路公司也在研究如何利用心流理論來設計遊戲，估計希斯贊特米哈伊當初研究的時候也沒想到吧。

那麼，如何在工作中找到心流呢？一個很簡單的方案就是**將工作遊戲化**。

希斯贊特米哈伊也提倡通過改善工作來提升個人的心理感受：一方面，要重新設計工作，使它盡可能接近心流活動，如打獵、家庭式紡織、外科手術等；另一方面，要培養員工自得其樂的性格，加強其工作技能，幫助其選擇可行的目標。對於這兩方面，如果只滿足其一，是無法明顯增加工作樂趣的；但如果雙管齊下，則能令人產生意想不到的最佳體驗。

不過，把工作遊戲化，老闆可能不同意。對此，你可以改變自己的工作形式，比如在工作中制定明確的目標，先做起來，並在完成目標的過程中尋找回饋：別人沒有鼓勵，那就自己鼓勵自己。**比如今天完成了一項工作任務，可以給自己一點獎勵。**

人生無法改變遭遇就是"命",當下的工作對我們來說可能就是人生中的無奈之事。這時候,只有善於自我安慰、自娛自樂,才能樹立自己的目標,並不斷提升自我技能,達到心流狀態。

還記得本章開篇所講的庖丁解牛的故事嗎?實際上,希斯贊特米哈伊在他的著作《心流:最優體驗心理學》中也引用了這個故事,用來說明工作中的心流狀態。丁作為一個典型的中國古代"藍領"屠宰工,都能在工作中找到心流,感受幸福,體驗人生,成為西方心理學著作中的榜樣人物,作為新時代的我們,為什麼不努力呢?

QUESTION 13

完美的愛情究竟是什麼樣的

5個愛情長久之策：溝通支持、理解和賞識、寬容和接納、靈活和變通、價值觀和能力要一致。

> 解惑大師

斯滕伯格

ROBERT J. STERNBERG

研究「兩性」心理學家

最佳解方

> 愛情要想穩定,除了激情、感情,還要有未來,三者缺一不可。

喜歡一個人，
始於顏值，陷於才華，忠於人品，癡於肉體，
迷於聲音，醉於深情。這樣在一起，才是嫁給了愛情，
願你遇到一個成熟的愛人，
願你執迷不悟時少受點傷，
願你幡然醒悟時還趕得上。

　　以上這些文字出自當代浪漫主義詩人吳桂君的詩歌作品《喜歡一個人》，由於它描述貼合現代年輕人對完美愛情的渴望，因此受到了很多年輕人的認可，在網路上廣泛流傳。確實，無論是情竇初開的少男少女，還是成熟穩重的中年男女，哪個人不渴望在適當的時刻談一場不後悔的戀愛呢？

　　不過，理解完美的愛情，只靠詩歌還不夠。實際上，心理學的研究和發現更接近事實的真相。我們需要追求什麼樣的愛情？完美的愛情是什麼樣的？如何讓愛情真摯而雋永？對於這些問題的研究，當代心理學最有名的人當屬羅伯特・斯滕伯格。

愛情的科學之論

斯滕伯格是美國心理學家，同時也是斯坦福大學博士、耶魯大學教授，曾任美國心理學會會長、行為與腦科學協會聯合會主席及東方心理協會主席，現為康乃爾大學人類生態學院心理學教授。此外，他還獲得了眾多大獎。

有人可能會想，斯滕伯格能回答上文提的問題，那麼他肯定是個愛情大師，然而他並不是。斯滕伯格是一個有故事的人，他第一次婚姻破裂，前妻離開了他。他不服氣：作為心理學大師，連愛情都搞不定，那怎麼行。於是，斯滕伯格痛定思痛，開始以心理學家的身份和視角來研究愛情的發生、發展以及經營和維繫方式，然後提出了他的愛情理論。

對斯滕伯格來說，失敗是成功之母，人生就是研究的靈感源泉：老婆跑了不要緊，用心理學研究研究到底是怎麼一回事。斯滕伯格最終將他的愛情理論稱為"愛情的雙加工理論"。這一理論整合了他之前提出的兩種理論：一是人們非常熟悉的愛情三角理論；二是很多人不大熟悉的愛情故事理論。

▶ 愛情三角理論：親密、激情、承諾缺一不可

離婚後，斯滕伯格再婚了。他感嘆道："親密關係像建築物一樣，如果得不到維護和改善，它就會隨著時間的流逝而衰敗。"

如果是這樣，問題解決起來就簡單了：什麼樣的建築物最穩定啊？我們初中就學過，三角形最穩定。於是，斯滕伯格提出了他的愛情三角理論。他認為，愛情可以從 3 種成分來理解，它們就像三角形的 3 個頂點。**這 3 種成分分別是親密、激情和承諾。**

所謂親密，表達的是一種友誼之愛，"喜歡式"愛情。兩個人在一起時感覺舒服，能夠交流、理解，相互支持。所謂激情，表達的是一種迷戀之愛，雙方都強烈地渴望和對方在一起，同時伴隨身體的欲望。簡而言之，兩個人恨不得 24 小時都膩在一起。所謂承諾，表達的是一種理性的認知，雙方以婚姻為目的，希望天長地久地生活下去。

很明顯，親密、激情、承諾"獨木難成林"，單一的成分構不成理想的愛情。

那麼，這 3 種成分兩兩結合呢？

親密加激情：斯滕伯格稱之為"浪漫之愛"。雙方彼此親密，關係浪漫，著迷於對方，兩情相悅，很美好。但遺憾的是，這種愛情可能沒有未來，對長遠考慮得不多。

親密加承諾：斯滕伯格稱之為"伴侶之愛"。雙方關係相對平和，彼此依戀，常伴左右。但遺憾的是，這種愛情激情不足，雙方仿佛左手握右手。

激情加承諾：斯滕伯格稱之為"愚昧之愛"。這很容易理解，兩個人本來就沒有感情基礎，還幻想著天長地久。

完美之愛恰恰是親密、激情和承諾的結合，有感情和激情，也有海枯石爛不變心的彼此約定。總之，愛情是全方位的，是生理、心理和社會關係的結合。**愛情要想穩定，除了激情、感情，還要有未來，三者缺一不可。**

▶ 愛情故事理論：26 種愛情故事

愛情三角理論雖然揭示了穩定愛情的 3 種成分，但仍有一些關於愛情的問題沒有回答，比如，一個人是如何找到真愛的？促使人們彼此相愛的歷程是怎麼樣的？有什麼規律嗎？斯滕伯格和他的同事、學生又調查了大量的真實夫妻，讓他們說出自己的愛情故事，以探究竟，結果很有意思。斯滕伯格發現，人們會以多種故事形式描述自己的愛情，而不同的故事本身就暗含戀愛雙方彼此間的處境、關係以及可能的未來。

真的是這樣嗎？不信你可以試一下，比如現在讓你敘述一下你和另一半的故事，你會怎麼講？又會描述怎樣的意象和場景呢？可能你會用到以下類似的說法，如"和他在一起，就像開始了一段嶄新的旅程"或"我們的愛情離不開彼此精心的培育，如果無人照料，多好的愛情也會枯萎"等。斯滕伯格總結到，前一種愛情故事是一種"旅行故事"，後一種愛情故事則屬於"園藝故事"。

在旅行故事中，兩個人都關注未來，有相互協調的意識；但問題是，隨著時間的推移，雙方對未來的路線可能會產生分歧，如果各自希望獨立成長，那麼這段關係就暗含危機了。而在園藝故事中，雙方都能認識到彼此照顧和關注的重要性，但問題是，雙方缺乏自發的關愛，隨著時間的推移，熱情一過，難以避免婚外情的誘惑。

斯滕伯格分析了不同的故事類型，也有一些有趣的發現。比如女性更喜歡旅行故事，而男性則更喜歡園藝故事。沒有一種故事能保證愛情的圓滿，而有些故事甚至可能會導致婚姻問題。你可以判斷一下自己與周圍人的愛情是否可靠，比如：

"偵探故事"，觀點如"我認為有必要觀察伴侶的一舉一動"。

"康復故事"，觀點如"我需要有人說明我從痛苦的過去中恢復過來"。

"科幻故事"，觀點如"我經常發現自己被某個不同尋常和神秘的人吸引"。

"恐怖故事"，觀點如"我發現當我感到伴侶有點害怕我時，我會很興奮"。

"收藏故事"，觀點如"我希望同時與不同的人約會，每個伴侶滿足我特定的需求"。
…………

最後，斯滕伯格總結了 26 種愛情故事，並梳理了故事背後可能的愛情歷程。他認為，"愛情是一個故事"，不會妨礙我們的選擇，反而讓我們意識到，**"當我們撰寫自己的生活與愛情故事時，我們能創造出無限的選擇"**。

斯滕伯格琢磨出了愛情理論，又通過理論指導實踐，所以他的第二次婚姻一直很穩定，維持至今。

愛情的東西方文化差異

愛情是人類文明進化的產物，在不同的文化中，愛情的重點有所不同。拿斯滕伯格的愛情三成分來說，西方人重視的往往是激情，比如在西方愛情經典《羅密歐與茱麗葉》中，羅密歐與茱麗葉兩人從相識、相戀到殉情，前後不過幾天。

英語中的 fall in love（墜入愛河）描述的其實就是這種愛情。這種愛情起始的時候，兩人往往一見鍾情，來勢兇猛。之所以人們說"墜入愛河"，而沒有人說"墜入友河"，是因為這種愛情就像人一不小心掉入河中一樣，"撲通"一下就愛上對方了；而人與人之間的友情很少會"撲通"一下就發生的。羅密歐與茱麗葉的愛情，沒有理智，不問緣由，幾天之內，為愛生，為愛死。

而在中國，人們更羨慕的是梁山伯與祝英台那樣的愛情。很明顯，梁祝的愛情是典型的親密之愛，友誼之愛。他們之間的愛情並非一見鍾情,而是在"同窗共讀整三載"中逐漸形成的。這種愛情更多的是"感情",缺少"激情"。幾年的時間裡,他們朝夕相處,卻沒有表現出任何身體方面的欲望,這在西方人看來,是很難理解的。中國人就喜歡這種沒有性衝動的愛情,覺得它更純、更持久。

總之,我們從東西方經典愛情故事中可以看出,**在東方文化中,人們更認同的是伴侶式的、以友誼為基礎的愛情。而在西方文化中,人們更傾向於來勢兇猛、欲火中燒的愛情。**

所以,當你讀到斯滕伯格的愛情理論時要注意,中國人的愛情故事可能與他的研究不同。中國人的愛情穩定,可能不僅僅包含親密、激情和承諾這 3 種成分。比如,我認為用斯滕伯格的愛情三角理論解釋中國人的愛情就太不夠用了,後者的講究一本書都說不完。

五個愛情長久之策

愛情三角理論談的是愛情的結構,愛情故事理論談的則是愛情的發展。但其實，對現實生活中的人來說，更重要的是兩個人如何生活，如何保持愛情的溫度，讓愛情更長久。

作為愛情專家，斯滕伯格本身也是"二婚"人士，以他的個性，對這種問題，不可能不研究。以下就是斯滕伯格研究出來的能讓雙方關係經得起考驗的指標性因素：

一是溝通和支持。這一點最重要。我們想要的伴侶，不僅能有效地表達自己的真實感受，也能專注地傾聽對方講話。愛人之間有矛盾不是問題，彼此不溝通、不相互支持才會導致更大的問題。有研究發現，在真實的婚姻生活中，幸福的夫妻與不幸的夫妻的吵架頻率並沒有差異，區別在於雙方出現矛盾後能否有效溝通。

二是理解和賞識。每個人都希望別人理解和賞識自己，然而大多數人都感覺別人對自己賞識不夠。兩個人在剛開始相處時，很容易理解和賞識對方，但當感情確定之後，雙方往往變成彼此的挑錯專家，專門審視對方的短處，這往往成為關係穩定的障礙。雙方相互欣賞可以促進關係穩定，而隨時挑對方毛病，會成為情感的大敵。

三是寬容和接納。從長遠來看，寬容和接納是促使關係順利發展下去不可缺少的因素。在短暫的關係中，雙方可以對對方的不足視而不見；但在長期的關係中，難免彼此指責。需要知道的是，世上沒有完美的愛人，彼此對對方的弱點要睜一隻眼閉一隻眼，因為寬容和接納才是維繫關係的長久之計。

四是靈活和變通。如果對方實在接受不了你的某些"特點"，為了長期的關係，你可以適當地靈活改變，這也是一種解決辦法。在生活中，不需要兩個人都堅持原則，而是彼此相互磨合、相互適應。你不要太自信，總覺得自己才是正確的。有個案例是這樣的：有一位女性覺得她丈夫吵著要和她分手簡直是瘋了，然後讓她丈夫去看心理醫生。結果，她丈夫回來後，有了更堅定的分手的勇氣。

五是價值觀和能力要一致。"不是一家人，不進一家門"，如果你總認為對方所做之事沒有價值，不值得為之感到自豪和表揚，無法認可對方的成就，也無法像當初一樣為對方喝彩，時間久了，兩個人就沒有共同話題了。

你可能覺得這聽起來有些老生常談，但所謂大道至簡，斯滕伯格不僅得出了這些結論，而且"二婚"美滿至今，"愛情大師"並非浪得虛名。有意思的是，斯滕伯格後來的愛情心理學著作，都是和他現任妻子合作完成的。

　　本章開頭提到的吳桂君的詩歌，更多的是在討論對方的個性品質，而沒有涉及彼此的互動以及相互價值觀的貼近，這種愛情觀只是詩人構建的一種美好想像，並不現實。所以，還是要提醒一下，愛情需要詩歌，需要理論，更需要實踐，只有在實踐中才能體會愛的真諦。否則，即使你懂得了許多關於愛情的道理，沒有親身實踐，到頭來依然孑然一身。每個人都有權利，也應該主動去尋求愛情，不必擔心理論是否完善，"游泳只能在水裡學會"：遇對了是愛情，愛錯了是青春。

大 / 師 / 小 / 講

"三論"教授

說到斯滕伯格，我們可以稱他為"三論"教授。為什麼呢？

還記得蘇文茂老先生的那段經典相聲《批三國》嗎？裡面有一段說到《三國演義》為什麼要叫這個

名字，是因為書中帶"三"的回目比較多，比如"桃園三結義"、"三英戰呂布"、"三顧茅廬"、"三氣周瑜"等。依照這個邏輯，斯滕伯格就是"三論"教授，因為他提出的理論有一個特點，很多都帶"三"字，比如：

關於智力，他提出了智力三元論；關於愛情，他提出了愛情三角理論；關於憎恨，他提出了憎恨的三因素理論；關於創造力，他提出了創造力三維模型理論；關於思維管理，他提出了思維三類理論……

既然斯滕伯格提出了這麼多的理論，那麼，他的智商一定超常吧？還真不是。斯滕伯格小時候參加過智力測驗，結果顯示他的智商太低，不過並不是因為他不聰明，而是因為他在考場焦慮，發揮失常。測完智商之後，大家都認為他智商低，這讓他很惱火。

斯滕伯格對此耿耿於懷，不服氣，便跟智商較上勁了：憑什麼說我智商低！這種智力測驗一定有問題!為了證實自己的想法,他研究了半輩子,並批判了傳統的智力測驗及理論,然後提出了智力三元論,因此成名成家,成了心理學大師級的人物。

在奠定斯滕伯格學術地位的《超越 IQ》一書出版 10 年後,另一個姓斯滕伯格的孩子進入了一所小學,他的入學閱讀測驗考砸了,被分到了水準最差的閱讀小組。

雖然他平時的閱讀表現很好,但學校仍然拒絕將他轉入優秀的閱讀小組。具有諷刺意味但毫不令人感到意外的是,這個孩子最終證實了傳統智力測驗存在的問題,最後考入耶魯大學。這個孩子是誰呢?他就是羅伯特‧斯滕伯格的兒子——在父親身上發生的故事在兒子身上又重現了。

不過,相對於智力,愛情故事一般不會遺傳,每個人都會有獨一無二的、屬於自己的愛情經驗。

PART 3
第三部分

溝通與社交

QUESTION 14

當朋友向我嘮叨他的煩心事時，我該怎麼幫他

諮訪關係是心理諮詢的基礎，建立良好的諮訪關係至關重要，如果忽視了諮訪關係，就很難獲得預期的諮詢效果。

> 解惑大師

羅傑斯
CARL ROGERS
研究「當事人中心」心理學家

最佳解方

安撫他人可以按照"悅納→閒談→當下→忘我"這 4 個步驟來推進,進而安慰、理解並影響他人。

我們在生活中常常會遇到這樣一種情況，就是朋友在工作或情感上遇到了一些問題，來找我們傾訴。那麼在這個時候，我們該怎麼安慰他呢？

是勸他想開點，以陽光心態面對工作、情感上的挫敗，比如跟他說，"主管批評你，是因為他重視你，他眼中有你，畢竟還沒有開除你"或"失戀沒什麼，舊的不去新的不來嘛。三條腿的蛤蟆不好找，兩條腿的人多的是，所謂'中華兒女千千萬，這個不行咱就換'，"還是找個地方讓他歡樂一下，用開心來抵擋憂愁？抑或是陪著他，什麼都不說，直接給他遞紙巾？

面對朋友有了煩心事，我們該選哪一種安慰方式呢？作為有同情心的良善之人，我們常常會因為周邊親朋好友的不良遭遇而心生同情；同時，在他們傾訴的時候，我們也試圖盡全力幫助他們。但顯然，只有同情心是不夠的。安慰人心也需要知識和技巧，否則容易"好心沒好報"，甚至"好心做錯事"。

安慰人心,是心理學專業人員最擅長的事了。從某種意義上說,心理諮詢師可以說是最會聊天的人。本章就來談談如何把心理諮詢技巧運用到實際的人際關係互動中。本章要介紹的心理學大師,是人本主義心理學的代言人、著名的人本主義心理治療大師卡爾・羅傑斯。

當事人中心：
是諮詢技術，也是生活態度

羅傑斯一生不但獲得了眾多榮譽,而且他創立的當事人中心治療理論,極大地推動了心理治療和心理諮詢的發展。他也是美國心理學會傑出科學貢獻獎和卓越專業貢獻獎的雙料獲獎者,且是史上第一人。此外,羅傑斯還曾因為將理論用於促進國際和平工作而獲得諾貝爾和平獎提名。

當時,羅傑斯的理論一直在不斷發展,對於自己的治療技術,他在不同階段的說法也不大一致。最初的時候,他採用的叫法是"非指導性治療"（Non DirectiveTherapy）；後來是"來訪者中心治療"（Client-CentralTherapy）,或稱"當事人中心治療"；老了以後,他又改名了,叫"以人為中心治療"（Person-CenteredTherapy）。

為了減輕大家的認知負荷，本章對這些概念不做嚴格區分，統稱"當事人中心治療"。我們從名稱的變化可以看出，這種療法的內涵變化越來越大，最後已經不局限於心理治療，更多的是人際互動和人際關係。

從這個意義上講，羅傑斯的偉大之處在於，他的心理治療理論不僅局限於心理治療，還應用在人際關係領域，以及諮詢、教育、種族溝通等方面。所以，我們可以像羅傑斯一樣，完全從人際互動的角度來看待心理諮詢師與來訪者之間的相互交流與影響。

羅傑斯宣導當事人中心治療理念，其緣起也很有意思。

羅傑斯剛做心理諮詢的時候，用的也是佛洛伊德式的權威分析加指導的模式，但他發現，有時諮詢過程並不順利。有一次，羅傑斯接待了一位前來諮詢的母親，她說自己的兒子調皮搗蛋，難以管教。

羅傑斯就按照佛洛伊德的觀點，說這個孩子的行為是由於母親早年對他的拒絕態度造成的。為了讓那位母親意識到自己的問題，羅傑斯把"童年經歷影響一生"等觀念詳細地說給她聽，不過她聽不進去，也領悟不到："為什麼孩子的問題成了我的問題呢？"最後，羅傑斯也沒轍了。

那位母親不甘心自己白來一趟，離開的時候問了一句："你們這裡也為成年人提供諮詢嗎？要不要再聊一會兒？"羅傑斯一想：聊啊，反正你付錢。於是，她開始滔滔不絕地說起了自己婚姻、丈夫、倒楣的人生。羅傑斯接不上話，只好耐心傾聽。讓羅傑斯沒想到的是，自己的這種無為而治的態度反而效果很好。

於是，羅傑斯開始反思諮詢與人性，最終他認定："每一個人都有著廣闊的潛力可以用於理解自我，改變自我態度和自我導向的行為，只要向其提供具有促進作用的一種可界定的氛圍，那麼，這種潛力就能被開發出來。"這就是當事人中心治療理論的核心假設。

那麼，如何來營造這種氛圍呢？其實核心主要在於心理諮詢師與當事人關係的建立。羅傑斯認為，在心理諮詢中，最重要的就是"諮訪"關係，也就是心理諮詢師和來訪者（當事人）的關係。諮訪關係是心理諮詢的基礎，建立良好的諮訪關係至關重要，如果忽視了諮訪關係，就很難獲得預期的諮詢效果。換句話說，關係是第一位的。

當事人中心如今已經不僅僅是一種諮詢技術了，而是成了一種人生方式，一種工作態度和生活態度。接下來，我們來聊聊羅傑斯思想中構建關係的三要素。

關係構建三要素

▶ 要素一：真誠一致

真誠指的是心理諮詢師要真誠。心理諮詢師要以真實的自我面貌出現，不帶任何自衛式偽裝，以開放、自由的面貌投入到心理諮詢中。不過，當事人不見得是真誠的。那麼，心理諮詢師的作用是什麼呢？

實際上，心理諮詢師需要通過自己的真誠，對自己的情感和態度保持開放，讓來訪者意識到心理諮詢師是毫無保留的，由此獲得來訪者的信任。這樣一來，來訪者會用真實的自我與心理諮詢師溝通，毫無保留地表現自己的喜怒哀懼，使情緒得到宣洩，並在心理諮詢師的幫助下，面對問題，認識自我、調適自我以及提升自我。

真誠會帶來信任：以真誠換真誠，才能走進彼此的內心世界。

那麼，在人際互動中，該如何來表現真誠呢？

你可以使用非言語性暗示，比如<mark>眼神接觸、身體前傾等</mark>。你也可以<mark>對自己的情感和態度採用開放的態度，不過分強調自己的權威等</mark>，總之就是別"裝"。

需要提醒的是，真誠並不意味著心理諮詢師在治療室內外、過去和現在、對此人此事及對彼人彼事都要真誠，都要毫無保留展現自己。這並不是真誠，而是傻。羅傑斯說，如果把以上這些作為硬性要求，那就沒有心理治療了。實際上，心理諮詢師只要在與來訪者相處的時間裡是真誠一致的就夠了。

另外，真誠也不意味著心理諮詢師隨時、無節制地把自己的內心世界袒露給來訪者，如果這樣的話，那就不是當事人中心了，而變成了心理諮詢師中心。

真誠無疑不是為了讓心理諮詢師表露自己的內心感受，只在必要或恰當時才需要那麼做。

關於真誠的重要性，我們可以從羅傑斯自己的真實經歷中得到驗證。當年，羅傑斯正年輕，新婚燕爾，一切看上去似乎都不錯。不過，有一件事讓羅傑斯感覺有點問題：羅傑斯是個資深"宅男"，接觸的女生比較少，所以他在婚後的性生活沒有想像中美好。

羅傑斯本人一開始感覺還不錯，但他的妻子海倫卻常找各種理由推脫，比如"哦，今晚不行"、"我太累了"或"改天再說吧"。怎麼回事呢？

羅傑斯深深地陷入了思考，後來他想明白了：性生活這件事，不是兩個人完成了就好；自己經驗少，也不知道妻子有沒有達到高潮。該怎麼辦呢？雖不好開口，但羅傑斯經過思考，還是和妻子說了，因為兩口子有共識：任何一方都有必要瞭解對方的真正需求和想法。說破無毒，就實話實說，結果問題自然圓滿解決，兩人"濤聲依舊"了……

後來，羅傑斯在其專著《成為夥伴：婚姻及其選擇》（Becoming Partners：Marriage and its Alternatives）中提到，

婚姻問題的根源就是失去真自我。人必須摘下面具，與他人真誠溝通。因此，**真誠成了他理論中建立諮訪關係、人際關係的首要條件。**

▶ 要素二：無條件積極關注

每個人都有被關注的需求，但在成長過程中，人們在滿足個體關注需求的同時，往往還會附加條件，比如"聽話，媽媽愛你"、"好好學習，老師才會喜歡你"。

很明顯，"媽媽愛你"、"老師才會喜歡你"都是有條件的。在成長過程中，類似的條件不停地附加，結果，人們必須滿足某些條件，才覺得自己有價值，而這違背了人成長的本質意義。

羅傑斯強調的無條件積極關注，是把來訪者看作有價值、有尊嚴的人，並予以讚揚和尊重。心理諮詢師對來訪者特定的思維、情感和交談方式表現出的積極尊重是無條件的。

心理諮詢師不能選擇性地接納來訪者的某些狀態而不接納另一些狀態。這意味著，心理諮詢師可能要悅納一個價值觀與自己不同的人,並關注他、認同他、欣賞他、愛護他,讓他處在一個安全且溫暖的氛圍中,使他最大限度地表達自己。**如果一個人得到了充分的尊重、理解和接納,他就很容易朝著良好的方向轉變。**

無條件積極關注一般包括 4 個組成部分:對來訪者的承諾,努力理解來訪者,不急於做結論和非評判的態度,以及表現出親切和關懷。

還要注意的是,無條件積極關注並不是說心理諮詢師在對來訪者進行治療的過程中始終都"無條件"地給予其百分之百的積極關注,這種想法是錯誤的。完美的無條件積極關注只是一種理論,實際上,心理諮詢師如果這麼做,只會迷失自我。

羅傑斯也認為:"從治療和實際的層面來看,最恰當的說法是,有效能的治療者在與當事人相處時,許多時候會感覺到對當事人的無條件積極關注;但他也會常常只是感到自己對當事人有條件的關注,甚至偶爾還有些消極態度,雖然這對治療效果不利。"

▶ 要素三：共情理解

共情，英文寫作empathy，也被翻譯成"移情"、"同感"、"同理心"等，它指的是一種深入他人主觀世界，瞭解其感受的能力。雖然有客觀世界的存在，但每個人都生活在自己的主觀世界中。要想認識、理解和改變一個人，必須走進他的主觀世界中。

羅傑斯這樣描述共情："感受來訪者的私人世界，就好像那是你自己的世界一樣，但又絕未失去'好像'這一要素——這就是共情。這對治療至關重要。感受來訪者的憤怒、害怕或者迷亂，就像那是你的憤怒、害怕或者迷亂一樣，然而並不會讓自己的憤怒、害怕或者迷亂捲入其中，這就是我想要描述的情形。"

有兩個成語，加在一起能很好地表達共情理解的意思：設身處地、感同身受。**設身處地，就是在共情時換位思考，站在來訪者的角度認識世界；感同身受，則需要站在來訪者的角度感受世界，從而理解其喜怒哀懼。**

這對我們有兩點啟發。一是要讓來訪者知道自己的問題都是有原因的，其反應是合理的；二是要給予來訪者理解性的言語資訊，包括表達自己願意理解來訪者的想法、討論來訪者認為重要的事情、用言語澄清來訪者的情感、用言語連接或補充來訪者內心深處的想法和觀點。

在實際的諮詢中，很多心理諮詢師為表明自己對來訪者的共情理解，常常會"嗯嗯啊啊"或簡單地重複來訪者的表述，有的心理諮詢師做得則比較機械，這也成了許多人調侃羅傑斯"羅氏諮詢"的靶子。關於羅傑斯諮詢中的共情理解，有這麼一個笑話：

一位來訪者來到羅傑斯位於 34 樓的診所，他說："羅傑斯大夫，最近我感到非常抑鬱。"

"哦，你最近感到非常抑鬱？"
"是的，我還很認真地想自殺。"

"你覺得你可能自殺？"
"是的，事實上，我正往窗口走呢。"

"噢，你想往窗口走去。"
"是的。我正在開窗，羅傑斯大夫。"

"我明白了。你在開窗。"
"我準備跳了。""噢,你準備跳了。"

"我這就……"(他跳下去)
"你跳了。"

接下來"砰"一聲巨響。
羅傑斯大夫走到診室的窗口,朝下看去,並說:"砰!"

當然這件事並不是事實,只是心理治療圈內的一個故事而已。多年以後,羅傑斯說:"我聽說過這個故事。我的回答,現在是,且永遠都是,我絕對不會讓他跳窗的。"

共情並不意味著心理諮詢師對來訪者無原則地認同,其目的在於幫助來訪者理解自己的思想、感受。**心理諮詢師通過共情進入來訪者的內心世界,這樣就能更有效地與其溝通,並促進其自我覺醒。**

安撫人心四部曲

有的人也許會問："本章不是要講如何安慰朋友嗎？羅傑斯這種當事人中心治療的基本觀念和安慰朋友有關係嗎？"答案是有關係，而且關係很大，原因如下：

一方面，羅傑斯自己就曾說："心理治療關係只是人際關係的一個特例，並且同樣的規律制約著所有的人際關係。"因此，他將上文提到的 3 種要素一般化，並將其推廣到人際關係中，認為它們是所有良好人際關係的必備條件。

他說，無論是在心理治療師和當事人的關係中，父母與子女的關係中，領導小組成員的關係中，教師與學生的關係中，還是管理者與員工的關係中，促進成長都包括 3 個條件。由此，羅傑斯也從心理治療大師轉變為 20 世紀的人際關係大師。

另一方面，不用羅傑斯說，我們來想一想，這種方法連心理有問題的人都能改變，何況普通人呢？很多文獻都把思想工作和羅傑斯思想相結合，而我們對朋友的安慰和勸導，不就是一種特殊的思想工作嗎？由此也可以看出，當事人中心治療理論應用範圍之廣，影響力之深，生命力之強。

然而，將 3 種要素應用於實踐時要注意，**安慰、幫助及影響他人是一個連續的過程，不能著急，要循序漸進**。借用羅傑斯的理念和技術，我們在做安撫疏導工作時，可以按照以下思路，分 4 個階段進行：

一是真誠悅納。用真誠的態度展現你的積極關注和共情理解。萬事開頭難，"三味猛藥"一起下，先讓你的朋友產生被接納的感覺。如果他覺得你不接納他的思想，不理解他的感受，不能接納他的一切，只是一味地勸導、評價，那麼所有的安慰都是空談。

二是放鬆閒談。當你的朋友感覺到了你的無條件接納後，心中會有所動，但你不要期望他一下子就說出內心最真實的感受和最深切的想法，如他的哭訴可能只停留在表面。這時候，你要做的可能是先與他談一些無關緊要的話題，比如讓他用旁觀者的視角談談自己的過去。此時，你不必著急，陪著他閒聊，讓他卸下心理包袱，展現更多的自我就夠了。

三是回到當下。和你的朋友談他當下的問題，談他此時的感受，並幫助他尋找更多詞來形容自己的感受。這時候，要讓他拆掉影響彼此溝通的心牆，並協助他瞭解問題的實質及他的責任。

四是忘我之境。幫助你的朋友站在更高的角度，重新理解其當下的問題和感受，讓其真實的自我得以展現。這樣一來，他對自己經歷之事會形成新的理解，建構出新的意義，其內在自我也會得到確認和成長，從而達到新的人生境界。

因此，**安撫他人可以按照"悅納——閒談——當下——忘我"這 4 個步驟來推進，進而安慰、理解並影響他人。**

最後，借助羅傑斯的親身經歷，我給大家一些提醒。羅傑斯的當事人中心治療理論自提出以來，影響越來越大，他個人也因此聲名鵲起，自信滿滿，也就有點"飄"了。後來，一位精神分裂症患者找到了羅傑斯，羅傑斯非得給對方做當事人中心治療：滿含真誠，又是傾聽，又是共情，來來往往幾個月。

結果，患者的精神分裂症不但沒治好，羅傑斯自己差點崩潰了。羅傑斯終於承認，當事人中心治療不是對任何人都適用。於是，他把那位患者轉介給了他人，他和妻子一起出去玩了一個多月，來治療自己內心的創傷。

所以說，心理學技巧，包括本章介紹的羅傑斯的"朋友安慰術"，都是有適用條件的，都不是萬能的。

QUESTION

15

我的孩子究竟在想什麼

進入青春期後，孩子凡事都會跟父母做對：父母說東他偏說西，父母讓他向南他偏向北。這時，父母也不要生氣，從孩子的角度來看，這只是他們的"成人宣言"：我的思想我做主。他們可以跟父母做對，但父母不能跟他們做對。

> **最佳解方**
>
> 要想理解孩子，必須站在孩子的角度看問題。在育兒過程中，必須根據孩子心理發展特性因材施教，促進孩子的發展。

解惑大師

皮亞傑

JEAN PIAGET

研究「兒童心理」心理學家

對許多父母來說，如何教育孩子是一個大難題。孩子為什麼會有這樣那樣的表現？他們的小腦袋瓜每天都在想什麼？許多父母都為此感到頭疼。而**要想瞭解孩子，得從理解他們的心理發展規律開始。**

其實，不只一般人想知道自己孩子的內心世界，愛因斯坦也想知道。1928 年，愛因斯坦向一位心理學家提出一個問題："兒童是按怎樣的順序獲得時間和速度的概念的？"我們都知道，在愛因斯坦提出的相對論中，時間和速度是相互作用的。比如，速度快到一定的程度，時間就變慢了。愛因斯坦想知道：兒童是怎樣理解時間和速度問題的？嬰兒在出生時是否就知道了這兩個概念呢？還是對這兩個概念的理解有先後？在兒童看來，時間和速度又存在什麼樣的關係？

20 年後，另一位心理學家出版了一部兩本的書，好好地回答了愛因斯坦的疑問：處於嬰兒期或童年早期的孩子無法理解時間、距離和速度。只有到了具體運算階段，孩子才能掌握這 3 個概念。

這位心理學家就是兒童心理學大師讓皮亞傑（Jean Piaget），他的研究和理論成了現代發展心理學的基礎。如何從孩子的角度來觀察兒童，理解兒童？孩子又該如何帶？接下來，我們就依據皮亞傑的研究來談談育兒。

育兒要學皮亞傑

在心理學界，皮亞傑的標籤是"神童"和"天才"。皮亞傑出身於大學教授家庭，在 10 歲時，他發表了第一篇論文，19 歲時，在 20 多家學術出版物上發表作品，22 歲獲得博士學位，之後進入心理學領域，後來成為享譽世界的兒童心理學大師。

在心理學界，皮亞傑絕對是一個如雷貫耳的名字，尤其是談到兒童發展及教育，可以說"養兒不識皮亞傑，便稱慈父也枉然"。英國著名的發展心理學家彼特·布萊安特（Peter Bryant）說過："沒有皮亞傑，兒童心理學就微不足道。"

我簡單解釋一下發展心理學與兒童心理學的關係。一開始，學者把研究孩子心理的學問叫"兒童心理學"；後來，這一研究領域逐步擴展，開始囊括青少年心理、成人早期心理，於是改稱"發展心理學"；現在，這一研究領域又開始囊括成年人和老年人的心理。當前，心理學界普遍把這樣一門研究人一生的心理發展變化的學科叫"畢生發展心理學"。而皮亞傑的心理學是以兒童發展為主題的。

心理學家研究自己的孩子得出兒童心理學

育兒要學皮亞傑，但皮亞傑的理論並不好學——不僅外行人不好學，甚至心理學界的人一開始在學習皮亞傑的理論時，也會感到雲裡霧裡。原因有以下兩點：

一是皮亞傑太勤奮，著作太多。在心理學界，寫書最有名的人應該是科學心理學的創立者馮特。馮老先生是典型的學霸兼工作狂，他寫的書加起來有 5 萬多頁，這是一個什麼樣的概念呢？有人算過，如果一個人一天讀 60 頁，那麼通讀一遍大概要兩年半！然而，他仍然比皮亞傑稍遜一籌。皮亞傑寫了 50 多本書，總共 6 萬多頁！這些心理學家只顧著自己勤奮了，根本不考慮後來人學習的艱辛。

二是皮亞傑原本是生物學、哲學出身，之後才研究心理學，他在闡述自己的心理發展理論時，創建和利用了一些哲學術語和生物學術語，使得理論艱深晦澀，不易理解。而且，皮亞傑是瑞士人，讀寫用的都是法語，翻譯成英語後再轉譯成中文，這樣一來，許多詞語變得非常"不親民"，比如"同化"、"順應"、"圖式"、"具體運算"、"形式運算"、"假設──演繹推理"等，聽著都讓人頭大。

這麼重要人物和理論，但又這麼難學，怎麼辦？別著急，我會選擇其研究及理論的要點，先"翻譯"成中文，再說給你聽。

先來說說皮亞傑的研究歷程。博士畢業後，皮亞傑在巴黎為心理學家希歐多爾‧西蒙當助手，研究的是兒童智力測驗。受西蒙的委託，皮亞傑在一所小學對兒童智力測驗進行標準化。不過，他對兒童智商差異的問題興趣不大，但對兒童智力測驗過程中一些孩子總出現類似錯誤的問題感興趣。實際上，皮亞傑更關心的是，在發展過程中，兒童的心智是如何發展的。

雖然皮亞傑感興趣，但沒有兒童被試者，他沒法研究啊。後來，皮亞傑到了日內瓦大學盧梭學院擔任研究主任，其間，他和一個女學生戀愛並結婚，之後生了3個孩子。這回，家裡自備"被試者"了：皮亞傑自己的孩子自己看護，而他後來的發現也主要源於他對自己3個孩子的觀察和研究，他採用的方法基本是佛洛伊德的臨床訪談法。

　　不過，佛洛伊德是把這種方法用於來訪者，而皮亞傑卻把它用於自己的孩子，以研究兒童心理發展。皮亞傑的研究實質，就是有目的地和孩子聊天，問問題，比如以下這種形式：

　　皮亞傑：風是怎樣形成的啊？
　　孩　子：樹形成的。
　　皮亞傑：你是怎麼知道的？
　　孩　子：我看到樹在揮舞手臂啊。
　　皮亞傑：那怎麼樣才能產生風呢？
　　孩　子：（揮手）像這樣，只不過樹比我更大，並且有很多樹，（一起動）風就來了。
　　皮亞傑：那海上的風又是怎麼形成的呢？海上沒樹啊？
　　…………

孩子被問懵了。皮亞傑據此來琢磨孩子回答問題背後的心智過程。之後，他的一部部的著作就產生了，他也成了兒童心理學大師。

給當代父母的教養啟示

父母教育孩子，最重要的是把握以下兩點：

一是理解孩子，必須站在孩子的角度看問題。在皮亞傑之前，孩子被看作是"小號的成人"。這一觀點長期統治著東西方的思想界。西方的經驗主義哲學家認為，孩子大腦的工作原理和成人完全相同，只是孩子的聯想能力不如成人完善；而一些先驗論的心理學家則認為，對於有些概念，孩子先天就知道，比如"時空"、"數量"等，而且孩子生下來就有運用它們的能力。在東方，正如《三字經》、《百家姓》等初學教材所展示的，人們同樣把孩子當作"小號的成人"來培養和教育，而不管孩子的心理發展水準如何。

皮亞傑改變了這一切。他認為，兒童的心智和成人有根本的區別，兒童的心理發展有其獨特的邏輯。在著名的客體永久性實驗中，皮亞傑創造性地說明了兒童世界與成人世界的不同。

客體永久性指的是，當物體不在我們的感知範圍內時，我們依然認為它是客觀存在的。舉個例子來說，倘若有個人來到你面前，把你手中的書拿走了，然後進了另一個房間，這時你會認為那本書和拿書的人已經不存在了嗎？你當然不會這麼認為。書和人已經在你的腦海中形成了概念，即便你看不見、摸不到，你也知道他們依然存在。

皮亞傑認為，這種能力不是人生來就有的，他通過實驗證明，人對客體永久性的認識是在 8 個月大時才開始發展的。在此之前，給孩子一個可愛的玩具，他們會伸手去抓它；而在孩子抓住玩具前用一塊布蓋住玩具，孩子會停止抓取，然後把注意力轉向別處，似乎玩具不再存在一樣。這個實驗最初的"被試者"就是皮亞傑的孩子。

孩子為什麼喜歡躲貓貓？因為你一躲起來，他們就覺得你不存在了；你一出現，你在他們的世界中又存在了。這種躲躲藏藏給他們帶來了不斷的驚喜。

因此，孩子眼中的世界和我們眼中的世界不同。要想理解孩子，必須站在孩子的角度看問題。但是，說起來容易，做起來並不容易。許多父母常犯的一個錯誤是，用成人的視角看待孩子，把他們當成"小大人"，從而誤解了孩子，甚至對孩子進行不當教育，影響了他們的發展。

比如，許多人就誤解了撒謊的孩子。一聽到孩子撒謊，成年人往往感嘆"小孩子不學好"，接著是一系列思想品德教育。在成年人的世界裡，撒謊會令人唾棄，而如果站在孩子的角度來看的話，他們撒謊可能僅僅因為心智還未成熟，難以分清現實世界和想像世界。

在孩子的眼中，現實世界和想像世界都是真實可信的。結果，他們講出來後，卻遭遇了一番訓斥，必然感到失望與懊惱。另外，如果孩子很早就撒謊，其實也是智商發展的標誌，因為根據心智理論，孩子只有正確理解了自己看到的世界與他人看到的世界的區別，才能"有效"地騙人。一輩子不撒謊的，要麼是聖人，要麼就是智力有問題的人。

再比如，許多人也誤解了叛逆的孩子。孩子的叛逆來自獨立性的發展。隨著身心發展並逐漸成熟，孩子會向成年人驕傲地宣告：我長大了！而在成年人看來，這往往就是不聽話，甚至是叛逆。其實，孩子的叛逆也有不同階段：小時候，他們爬上桌子，這時父母會叮囑不要跳，但他們偏偏選擇跳下來。遇到這種情況，父母不必氣惱，從孩子的角度來看，他們只是興奮地意識到：我的身體我做主。進入青春期後，孩子凡事都會跟父母做對：父母說東他偏說西，父母讓他向南他偏向北。這時，父母也不要生氣，從孩子的角度來看，這只是他們的"成人宣言"：我的思想我做主。他們可以跟父母做對，但父母不能跟他們做對。

皮亞傑的自我中心主義認為，處於前運算階段的孩子在面對問題情境予以解釋時，只會從自己的角度出發，不會考慮別人的不同看法；他們只能主觀地看世界，不能客觀地進行分析；他們也無法從他人的角度來看問題，只能以自我為中心，從自己的角度觀察和描述事物。皮亞傑雖然是在描述孩子的表現，但也是在提醒父母：孩子的自我中心表現是成長中的必然，而成年人如果表現得自我中心，那就是幼稚不成熟的表現。**父母要想理解孩子，必須拋開成見，掌握孩子的自我中心，並丟掉自身的自我中心，這樣才能透過孩子的眼光來看世界。**

二是教育孩子必須依據其心理的發展規律。孩子是怎樣長大成人的呢？一些人認為，孩子是一天天逐步長大的，一天一點小進步；皮亞傑則認為，孩子是一段一段長大的，到了某個年紀,突然成熟,一下子就明白了許多道理。比如智力發展,教小學低年級的孩子學方程式,怎麼教他們也學不會,但到了中學,不怎麼教他們也容易學會。再比如道德發展,學齡前的孩子只會以自我為中心來思考問題;上了小學,就聽老師的話了;到了中學,別人要求怎麼樣,他們會先看看對方做得怎麼樣。

具體來說,皮亞傑認為,從出生至兒童期結束,個體的認知發展要經歷以下 4 個階段:

- 感覺運動階段(0～2 歲),靠感覺與動作認識世界;
- 前運算階段(2～7 歲),開始運用簡單的語言符號來思考,有了表像思維能力,但缺乏可逆性;
- 具體運算階段(7～11 歲),有了邏輯思維能力和零散的可逆運算能力,但一般只能對具體事物或具體形象進行運算;
- 形式運算階段(11～15 歲),能在頭腦中把形式和內容分開,思維可以超出感知的具體事物或具體形象,進行抽象的邏輯思維和命題運算。

對於道德發展,皮亞傑認為,在從他律向自律的轉換過程中,兒童的道德發展也會經歷 4 個階段:

- 自我中心階段（2～5歲），只按照自己的意願接受外界準則；
- 權威階段（6～8歲），會尊重權威和尊重年長者的命令；
- 可逆階段（9～10歲），認為在規則面前或同伴之間存在一種可逆關係，即"我要你遵守，我也得遵守"；
- 公正階段（11～12歲），道德觀念開始傾向於公正，當然這種公正觀念並不是一種單純的判斷是非的準則，而是一種出於關心與同情的真正的道德。

當然，無論是對於認知發展還是道德發展，皮亞傑的理論都得到了一些證實。後來，在更多研究人員的努力下，他的理論不斷得到修正，這一過程仍在進行中。當然了，父母不必瞭解那麼多兒童發展的細節，但有一個原則須牢記：**在兒童發展的不同階段，其認知和社會觀念有所差異。所以在育兒過程中，父母必須根據孩子心理發展特性有所偏重，把握關鍵，這樣才能因材施教，促進孩子的發展。**

基於心理發展規律來教育孩子基本已是共識，但這種觀念能否轉化成真正的育兒實踐，依然是個問題。比如，當前的諸多育兒理念是否適用於孩子的每個年齡階段？根據皮亞傑的理論，網路上和朋友圈的一些育兒文章或看似很有道理的說法，用在自己的孩子身上不一定合適，也不一定有效果。

舉個簡單的例子，許多父母在談到自己的育兒經驗時，會說自己是如何與孩子平等相待，如何與孩子做朋友的，結果孩子發展得不錯。而另一些父母可能會說，就是要當"虎媽"、"狼爸"，不能給孩子好臉色。這兩種觀點好像都有道理，那麼該聽誰的呢？父母要和孩子做朋友嗎？還是端著父道尊嚴不放，認為孩子不打不成材呢？

根據皮亞傑的理論，這兩種觀點都有道理，又都有不足。父母的育兒之道沒有絕對的對錯，但一定要遵循孩子的發展特點，採用不同的策略。如 6～8 歲的孩子，他們正處在道德發展的權威階段，他們會尊重權威和年長者的命令，此時，權威型父母肯定會對孩子的教育有所促進；而如果父母每時每刻都以朋友的身份與孩子對話，就容易讓孩子無所適從，甚至是以民主教育之名，行溺愛孩子之實。

孩子到了中學，權威型父母就不吃香了，因為此時，孩子到了道德發展的公正階段，他們希望父母與自己能公平公正地交流。所以，以平等相待的朋友身份來定位自己的父母，更受孩子的歡迎。

一些父母，尤其是一些事業有成的所謂"女強人"型母親，經常容易犯的一個錯誤是，在孩子上小學之前，事情大小不分地照顧和管教孩子，這個時候，這一切對孩子是受用的，孩子發展得很好，母親也容易因此而自信。

但當孩子到了中學，他的心理發展需求不一樣了，而母親卻沒有因此改變教育策略，這樣一來，親子間的衝突和矛盾就不可避免了。我們所見的"女強人"型母親養育的孩子，到了中學以後問題很多，原因多半在此。

權威型父母或朋友型父母，並不能"通吃"所有年齡階段的孩子，教育孩子，必須考慮其心理的發展特性。

所以，父母要想知道孩子在想什麼，就要從孩子的角度來看問題，根據孩子的發展特性進行教育。另外，自己的孩子不能託付給別人教育，還得自己教。

現在，網路上的一些關於親子互動的小影片很受歡迎，比如一些父母輔導孩子作業的很火紅，其主要內容常常是孩子因為寫不好作業而上火，父母因為教不會孩子也上火，結果父母叫，孩子哭，好不熱鬧。

你不妨試著用皮亞傑的理論來解釋一下其中的原因，看看這些父母的問題出在哪裡。現在你是不是已經想到解決辦法了呢？

QUESTION 16

別人施壓時，我如何開口說"不"

輕鬆抽身 5 策略：相信直覺、不輕易接受他人安排好的解釋、找好同盟、反對要趁早、做好應對方案。

> 最佳解方
>
> 面對壓力，你要敢於喊"停"，給自己留出思考的時間。

解惑大師

米爾格拉姆

STANLEY MILGRAM

研究「社會影響」心理學家

在公司，主管給你安排了一項任務。你不擅長，也不喜歡，而且又不是你分內之事，你心裡百般抵觸，但畢竟"官大一級壓死人"，況且你仍然期待能得到主管的好評，最後你還是應承了下來。

在路上，朋友打電話給你，說彼此好久沒聚了，今天晚上來聚一下，已經訂好了房間，就等你了。而你工作了一天，滿身疲憊，心中最大的願望就是趕快回到家休息一下。但對於朋友的邀約，你又難以回絕，畢竟真的是多日未見了，最後你只好答應見一下。

在家裡，老家的父母打電話跟你說一個遠房親戚的孩子要來你在的城市求學，讓你照顧一下。自顧不暇的你對這種八竿子打不著的親戚實在沒興趣，但礙於父母和親戚的情面，你只好打起精神好好地接待了一番。
…………

我們在生活中常常遇到一些讓自己為難的事，雖然自己不大情願去做,但很難拒絕,尤其是當對方是主管、父母或朋友等權威人物或重要人物時。有時,對方甚至僅僅是一名業務熟練的銷售人員,因為對於所賣的商品而言,他是一位專家。每個人都希望能堅持做自己,但在生活中,他人的影響無處不在,無時無刻不在左右我們的思維與情感。

那麼,如何才能遮擋他人的影響,堅持自我呢?

電醒人心的實驗

其實,心理學實驗早就發現,每個人都容易成為盲目的服從者。這項實驗就是令人擊節讚嘆同時又備受爭議的權威服從實驗。該實驗說的是一個人在權威的指引下甚至可以殺人。當然,實驗中並沒有人真的被殺,但這項實驗給我們帶來了很大的啟示:這些自我感覺良好的個體,無法想像自己在別人的指引下,竟然能做出令自己吃驚的事。知名社會心理學家伊里亞德・阿倫森(Elliot Aronson)評價這項實驗為"社會心理學最重要,也最受爭議的一個實驗"。

這項實驗的設計者是一名非主流的心理學家:斯坦

利·米爾格拉姆（Stanley Milgram）。米爾格拉姆師從名師——人格心理學大師戈登·奧爾波特（GordonAllport），他的博士論文導師是著名的設計從眾實驗的所羅門·阿施（Solomon Asch）。為什麼說米爾格拉姆非主流呢？因為他獲得的榮譽和獎項不多，也沒有當過美國心理學會會長，在這些方面，他確實乏善可陳。不過，他做的研究，影響大，爭議也大；發表的文章雖然層次不高，但多項研究都成為學科經典。

米爾格拉姆做這項驚人的實驗時還很年輕，當時他剛博士畢業，在耶魯大學教書。實驗的被試者來自紐黑文城市20～50歲的各色人等，並沒有像常見的心理學研究那樣，用大學生做被試者，為什麼呢？

一方面，有人聽說米爾格拉姆要用大學生來研究攻擊行為，就說不能用耶魯大學的學生，因為這些學生個個攻擊性太強，稍加挑撥，他們就恨不得除掉對方。所以，研究這些學生而得到的結論不見得對普通人適用。對此，米爾格拉姆很不開心，於是他就想著找平民大眾來試試。

另一方面，實驗經費批下來的時候，學生馬上就要放假了，但米爾格拉姆又著急做實驗，所以他沒時間等秋季開學。於是，在 1961 年 6 月 18 日，米爾格拉姆就在《紐黑文紀事報》（New Haven Register）上登廣告招被試者了。

實驗開始了，被試被告知要參加一項有關學習與懲罰的實驗：兩個人抽籤，一個當老師，一個當學生；老師要監督學生的學習，學生如果犯錯，老師就要對其進行懲罰。米爾格拉姆也用了心理學實驗中慣用的小技巧，即隱藏實驗的真實目的，對真正的被試進行"欺騙"，包括：

實驗的目的不是學習與懲罰；
其中的一名被試者是實驗同夥，並非真的被試者；
抽籤時，兩個簽上寫的都是老師，所以真的被試者一定是老師。

假設你是一名被試，抽到了老師的任務，你要給學生出題。你面前有一台儀器，上面有一系列按鈕，標註著不同的電壓值，以 15 伏特的間隔遞增，包括 30 伏特、45 伏特、60 特 伏……一直到 450 伏特。如果學生回答錯誤，你就要按下按鈕，對學生實施電擊——學習與懲罰嘛。同時，一名實驗專家會在一旁指揮你：學生犯錯，他就提醒你按按鈕，你就電擊學生。

隨著學生犯的錯誤增多，實驗專家會指揮你增加電壓……這時候你發現，那名學生有些笨，犯錯越多越挨電，越挨電越糊塗。實驗專家則在一旁堅定地告訴你：只要學生犯錯，就繼續增加電壓。那麼，你覺得在實驗專家的指揮下，你最高能把電壓增加到多少伏特？有沒有人會把電壓增加到450伏特呢？

按常理來說，30伏特的電壓會讓人"哆嗦"，450伏特的電壓一定會讓人死翹翹。你當然不會當著別人的面殺人啊，也沒有人這麼做吧：參加個實驗而已，犯不著殺人啊。然而，你不要太"自信"。實驗結果令人驚訝：在實驗專家的指揮下，65%的被試者在當老師時，將懲戒的電壓增加到了450伏特！換句話說，這項實驗告訴我們：大部分平時溫良恭儉的良好市民，在別人的指揮下是可以殺人的！

1961年暑假，28歲的米爾格拉姆以耶魯大學心理系助理教授的身份完成了這項實驗。此後，從心理學界到社會其他領域，這項石破天驚的研究引起了多方爭議，也對很多領域產生了深遠的影響，一直持續至今。

米爾格拉姆提醒我們：社會壓力深深地影響著我們的行為。在權威人物的命令下，即使沒有武力脅迫，善良的普通人也可以實施不道德的活動，惡行並非惡人的專利。在社會壓力下，我們更應該警惕"平庸之惡"。

毫無疑問，米爾格拉姆的研究意義深遠，但也引發了一些研究倫理爭議。在他的實驗設置中，一些被試者迫於實驗專家的壓力，將電壓增加到了 450 伏特，這相當於殺人了，這會不會對被試者造成心靈傷害，使他們懷疑人生？雖然米爾格拉姆一直用各種證據來證明其實驗設置的無害性，但心理學界依然提出了不同的觀點。結果，這項實驗直接促成了美國心理學會倫理審查委員會的成立。現在，心理學家做實驗，必須通過倫理審查委員會的審核。如果你有機會參加心理學實驗，想找到像米爾格拉姆做的這種"刺激"的實驗，基本是不可能了。

此外，為了引起逼真的心理感受，現在社會心理學實驗欺瞞被試者的設置已經很常見，但在當時，類似的處理比較少，將欺瞞手段玩到米爾格拉姆的程度，更是少之又少。因此，米爾格拉姆的這項實驗也引發了"實驗方式殘忍、充滿欺騙"的評議。

有一次，曾有人向米爾格拉姆介紹了一位女心理學家，但這位女心理學家卻傲慢地轉過頭，說了一句："你這個混蛋！"就不理他了。後來，米爾格拉姆在採訪中自我安慰："對此我表示理解，那年她離婚了，可能是拿我出氣。"

壓力之下的抽身之法

米爾格拉姆的實驗警示人們：人心脆弱，大部分人其實並不會像自己想像的那樣堅持原則，都太容易被生活環境左右了。捷克作家尤利烏斯·伏契克（Julius Fucik）就曾說過："人們，我是愛你們的！你們可要警惕啊！"

你可能會問，既然這樣，該做些什麼呢？如何做才能不被別人左右？又該如何面對生活中隱藏的"依從情境"呢？

一方面，你要知道，在你的人生中，你可能會經歷很多如下情境：一些權威人物向你施壓並迫使你遵從他們的要求。這些人，也許是政府官員，也許是軍隊領導，也許是公司高層等等，他們的要求可能是不道德的、違法的、邪惡的。當然，這種情況也可能發生在醫生與護士、老師與學生、父母與子女之間。怎樣做才能頂住壓力？又該採用什麼樣的心理對抗策略呢？

在理解了米爾格拉姆研究的基礎上，你要對一些無來由的壓力保持警覺：沒有不可置疑的人。現代社會，你不能不加批判地接受任何人的話。一些權威人物希望你不假思索地執行命令，但思考並做出自己的決定是每個人的自由。在不正常的壓力情境下，你必須有勇氣對自己說"停"，從即時的、進行中的"要求"任務中退出來，然後思考和理解所有問題的實質。在沒有認真思考的情況下，或者在沒有與自己信任的、將自己的利益放在心上的人進行討論的情況下，你不要做任何決定。**面對壓力，你要敢於喊"停"，給自己留出思考的時間。**

另一方面，你也要知道，在日常環境中，很少有人會要求你違背良心，殺人放火。更多的時候，是許多商品或思想的"推銷員"設置某種依從情境，對你進行隱瞞脅迫的要求，以期你最終受到他們的影響。在當下的商品社會，在資訊無處不在的網路時代，這種事經常發生。

舉個例子，你每次去商場、超市購物，買回來的東西是不是都比你當初預想的多？你有沒有這樣的經歷，去商場本來只是想逛逛，結果遇到一位熱情的銷售員，對方給你端茶送水、妙語連珠、滿臉笑容地為你推銷一件你並不太中意但也不討厭的商品，也就是可買可不買的商品。此時，你難以抵擋，最後想：反正也花不了多少錢，還是買點試試吧。其實，類似的推銷手段層出不窮，無論是商品還是思想。這時候，如何在不傷害他人感情或保持禮貌的情況下，輕鬆抽身而出呢？以下策略可供參考。

一是要相信自己的直覺。當你處於壓力情境時，可能理解不了事情的是非曲直，但直覺不會騙你，當你有"似乎有什麼不對勁"的感覺時，你要馬上停下來。就好比有的主管是"老色狼"，以關懷為名對一些女孩子動手動腳，他的行為屬於真正的關懷還是性騷擾？有一個標準，即他的言行是否讓女孩子感覺不舒服，如果女孩子感覺不對勁，那就是性騷擾，趕緊叫"停"，脫身是正途。記住，在複雜的情境下，來不及思考的時候，直覺往往會做出準確的判斷。

二是不要輕易接受他人呈現給你的對當前情境的解釋。尤其是在一些商業推銷的場景下，每個人追求的既定利益不同，很多人會以"為你好"為名，行"騙你錢"之實，這是很常見的事。對方的利益與你的利益可能並不一致，很多時候，你不必為對方的利益買單。

三是找好同盟。在米爾格拉姆的權威服從實驗中，如果一旁還有另一位老師，他會反抗實驗專家的命令，及時叫停實驗，那麼大部分真正的被試者往往就不會一直持續增加電壓。在社會壓力的情境下，有了同盟，人就更容易維護自己的利益。比如你去逛街的時候，最好找一個有主見、能砍價的閨蜜與你同行。

四是反對要趁早。在米爾格拉姆的實驗中，被試者做出反抗的時間越早，堅持到最後並增加電壓的可能性就越小。所以，感覺不對，趕緊撤退，不用聽他人胡亂解釋，聽多了，一不小心會陷入他人設計的依從情境中。下次如果有推銷電話打來，別理它，趕緊關掉刪除。

五是做好應對方案。每個人的生活都離不開社會環境，而在這樣的環境中，難免存在左右自己的人。無論你是去商場，還是去見主管，都要做好應對方案，這樣就不容易違背自己的本心去行動了。不過，在壓力情境下，你往往還會顧及"面子"問題：你很在意他人對自己的印象，結果做出了自己預期之外的決策。對此，我的建議是，別怕丟臉與犯錯，在正常的環境下，人可以犯錯，也能因此而道歉。

總之，拒絕別人的要求難，拒絕權威人物的要求更難。在一個強調長幼有序的社會，堅持做自己並不容易保持警惕非常重要。**必要的時候，學會說"不"。**

大 / 師 / 小 / 講

小世界裡的大人物

米爾格拉姆的研究確實可以說是天才之想。雖然他在 50 歲時因病去世，且留世的研究也不多，但他的研究幾乎個個都經典。能稱得上經典的心理學研究，要麼研究內容有新意，要麼研究方法有創新，要麼研究結論有超越，而米爾格拉姆的研究在這 3 方面都做到了，原創度可以說非常高。

你聽說過"小世界理論"嗎？它又叫"六度分隔理論"（Six Degrees of Separation），具體內容是："你和任何一個陌生人之間所間隔的人不會超過 5 個，也就是說，最多通過 5 個人，你就能認識任何一個陌生人。"根據這個理論，你和世界上的任何一個人之間只隔著 5 個人，比如你和劉德華、林志玲等，無論對方在哪個國家，屬於哪個人種，是哪種膚色。真的是這樣的嗎？在如今這個網路時代，人們對這個問題的興趣愈發濃厚，數學、物理、腦科學、網路等多個領域都在探討。包括數學模型在內的多方面研究顯示，只需很少的幾個步驟，你就可以貫穿整個網路，這是一個普遍性規則。也就是說，小世界理論在更廣闊的領域也適用。有人在研究網路連結時發現，平均只要點擊網路連結 10 多次，就可以從一個網頁轉到任何一個網頁。

小世界理論是米爾格拉姆在 1967 年提出的。對於這個重大的發現，他當時很隨性地發表在一本科普雜誌的創刊號上。在短暫的科研生命中，米爾格拉姆愛好廣泛，狂放不羈，雖然做的研究不多，但任何一項研究都令人印象深刻。每次他設計出新的實驗，團隊一行動，消息就會傳遍整個心理系，大家會說："他們又有新玩意了！"

"六度分隔"、"熟悉的陌生人"、"城市心智地圖"……這些我們今天耳熟能詳的概念，都源自米爾格拉姆。他就是這樣一位心理學者，滿腦子奇特的問題，設計了開創性的研究模式，並得出了超越常識的研究結論。

QUESTION 17

要想成功，比智商和情商更重要的是什麼

關鍵在於動機、人格特質、自我認知等深度的、能區分優秀與普通績效的勝任力。

> 解惑大師

麥克萊蘭

DAVID MCCLELLAND

研究「勝任力」心理學家

> 最佳解方

成功必備6大勝任力特質：成就特質、助人特質、影響特質、管理特質、認知特質、個人特質。

有的人眼中的成功是升職加薪、當上總經理、出任CEO、迎娶"白富美"、走上人生巔峰。有的人眼中的成功是"談笑有鴻儒，往來無白丁"，雖居陋室，但其樂融融。對於成功的確切含義，雖然每個人的理解並不相同，但成功無疑是每個人內心的渴望。

那麼，一個人若想成功，要怎麼努力呢？成功的決定因素是什麼：是對領袖忠誠，還是人脈亨通？是智商、情商，還是所謂的"天註定"？

成功的含義太廣泛了，無法討論，但如果我們把個人的成功限定在工作內容上，那麼成功就是以績效為參考標準的關於一個人的卓越表現。在心理學領域，解決工作表現、個人成就問題的，往往是管理心理學家，而大衛·麥克萊蘭（David McClelland）就是一位管理心理學大師。在"20世紀最著名的100位心理學家"排行榜上，麥克萊蘭排名第15位；而在管理心理學領域，他是第一人。

人人都有追求成功、
超越他人的動機

　　成功的達成必然以動機為先導。談到動機，它在心理學研究中並不新鮮。佛洛伊德的精神分析學派通過解夢、自由聯想等方法，常常把人們的行為動機歸結於本能和性；斯金納等行為主義者往往通過動物實驗，將行為的驅動力局限於吃喝拉撒等基本生存需求上。麥克萊蘭則打破這兩種學派的研究局限，把研究重點聚焦於高層次需求和社會性動機上，但又與馬斯洛所提的尊重需求、自我實現需求等偏"文藝"的劃分不同。麥克萊蘭的動機劃分直指職場成就，一切服務於社會現實的應用層面。

　　麥克萊蘭認為，動機是職業表現中十分關鍵的一個組成部分，動機水準才是預測個體職場成就的最佳指標。通過廣泛研究，麥克萊蘭確立了可以預測**個體工作表現的 3 大動機：成就需求、權力需求及親和需求。**

　　成就需求是指人們對做得更好的渴望，是一種卓越的潛意識驅動。有強烈成就需求的人經常會通過評價自己來衡量自己取得的進步。他們樹立富有挑戰性的目標，但又符合個人實際情況；他們崇尚個人活動，喜歡"計分"類娛樂活動，如高爾夫球和保齡球，也喜歡自己能清楚地看到成績的工作，如銷售等。

權力需求是一種試圖影響他人的潛意識驅動。有強烈權力需求的人，經常會認為自己應該反對姿態或以不同於其他人的方式出現。這種人渴望在社會組織、專業社團和工作中處於領導地位，喜歡賭博、飲酒，行為激進；他們也喜歡高壓力以及社交性的競爭性運動，如網球或足球；此外，他們還喜歡累積威望，喜歡做能幫助他人或影響他人的工作，如教師、牧師和管理人員等。

親和需求，也有人翻譯成歸屬需求，這是一種建立溫暖、親密關係和友誼的潛意識驅動。有強烈親和需求的人經常花較多的時間在親密的朋友或重要人物身上，而不是其他環境上。他們會定期給他人寫信或聯繫朋友及家人，喜歡團體工作，並且對他人的反應十分敏感。他們也喜歡合作性的、無競爭的活動，如野餐，同時也喜歡能和他人親密接觸的工作，如幼師和顧問。

以上 3 種需求共同影響著人們的工作績效和成功。例如，高成就需求、低親和需求和中等權力需求是全世界絕大多數成功企業家的共通特徵；而高權力需求、中等親和需求和成就需求則是有效的領導者、中等企業總裁的共通特徵。

值得一提的是，成就動機不僅能預測個人的成功，也能預測國家的成功。

然而，從本質上來說，動機是一種根植於個體無意識的人格特質，因此個人無法充分地意識到自己的動機，自我報告的動機往往摻雜了利益等方面的因素，無法如實地反映個人的實際情況。比如，在面試時，面試官問你的工作動機是什麼，你為了獲得職位，可能恨不得說工作就是為了展現自己的才智，為了人類的未來。**麥克萊蘭採用"拿來主義"，修正了傳統的主題統覺測驗（ThematicApperception Test,TAT）[1]，繼而用來測評人們潛在的動機性質。**

在一個典型的測試場景中，麥克萊蘭給被試者看一張性質比較模糊圖片，圖片中描繪的是人們的日常生活場景，比如在鄉村背景下，一位中年男性和一位青年男性倚著籬笆聊

編者注

[1] 一種評估個人態度、動機、思維方式的心理測驗。

天。麥克萊蘭要求被試者根據這張圖片講一個故事,說明圖片中的人物是誰,正在發生什麼事情,結果會怎樣。根據兩位男性聊天的圖片,能講出什麼故事呢?是兩個人在討論修房子、種花還是週末聚會?還是中年男性建議青年男性怎樣在學校出人頭地?又或者兩人在討論度假時見到的美麗風景?事實上,如果一個人在他講的故事中,充滿自我完善、發明創造、當官發財、力爭上游等情節,而另一個人在他講的故事中,兩位男性僅僅是在談電影或欣賞落日,那麼兩相比較,前者具有更高的成就動機。

麥克萊蘭認為,個體想像的內容可以反映其成就動機的高低,即"幻想中的任何事物都具有某種象徵性"。所以,在麥克萊蘭看來,不用聽你述說自己高尚的工作動機,你講一個故事就好,這樣,你真實的成就動機會自然暴露出來。在此之前,主題統覺測驗很少被用於商業領域,但經過麥克萊蘭的妙手處理,成了幫助企業、組織對不同個體進行評測和選拔的絕佳工具。現在,在一些高端職位的選拔中,這種工具依然被普遍應用。

僅有動機還不夠，智商已經過氣

　　除了成就動機，麥克萊蘭關於勝任力的研究也是基於現實的需要。當年，美國政府要選拔一批新的外交官，具體工作是駐外聯絡官，他們需要在各國開展各種外交活動，讓更多的人理解和喜歡美國。可以說，他們屬於在世界各地"講好美國故事"的人。在以前，美國政府常用的方法是根據學歷、文憑或智商測驗等來選拔人才，但效果並不好。美國政府找到麥克萊蘭，問他能不能用些新方式，選出更合適的人。

　　政府專案當然要接，但如何操作這種專案，還真沒有先例，原來的學歷、文憑、智商測驗也不行，那該怎麼辦呢？凡事都難不倒麥克萊蘭，他和自己的同事經過仔細研討，給出了如下的有效解決思路。

　　既然美國政府要選拔優秀的外交官，那麼首先要看看優秀的外交官是什麼樣的，他們具有什麼樣的特質，然後再看看一般的外交官有什麼樣的特質。再經過兩相比較，二者共有的特質，就是做外交官的基本需求；而優秀的外交官比一般的外交官更強的特質，就是做一個優秀的外交官的關鍵。這應該成為測試與選拔關注的焦點，這其實就是當下各種職業評測中一直在用的勝任力。

所謂勝任力，就是指"能將某一工作（或組織、文化）中有卓越成就者與表現平平者區分開來的個人的潛在特徵，它可以是動機、特質、自我形象、態度或價值觀、某領域知識、認知或行為技能——任何可以被可靠測量或計數的並能顯著區分優秀與一般績效的個體特徵"（Spencer,1993）。勝任力的英文是 competency，這個單字現在在心理學界、管理實踐界應用都比較廣泛，有"勝任力"、"才能"、"素養"、"能力"等多種譯法。一般來說，專業詞彙最好和日常詞彙區別開來，所以，"勝任力"或"勝任特徵"是比較好的譯法。

麥克萊蘭用勝任力的思想，比較了優秀外交官與一般外交官的勝任力，構建了新的外交官選拔思路與技術。1973 年，他在《美國心理學家》雜誌上發表的《測量勝任力而不是智力》（Testing for Compentence RatherThan for Intelligence）一文，標誌著心理學界和管理實踐界勝任素質運動的開端。麥克萊蘭的基本理念是，學歷、文憑、智商等只是表層的、完成工作所需的基準性勝任力，**而工作的關鍵**

在於動機、人格特質、自我認知等深度的、能區分優秀與普通績效的勝任力。

如何判斷一個人是否具有勝任力

說到這裡，你可能會有疑問：麥克萊蘭的勝任力思路的確不錯，但該如何呈現呢？如何測量出優秀者與一般人的區別呢？確實，如果沒有切實可行的方法以及具體的操作手段，理想落不了地，一切都是空談。

麥克萊蘭並不是一個空想家，而是一位現實主義的應用心理學家。在研究方法上，他採取了非常實用的策略：有現成的方法，就用現成的。如果沒有現成的方法，就想辦法在現有的基礎上進行改良，以適應現在的需求。他對看圖講故事的主題統覺測驗進行了修訂以適應成就動機的測量，就屬於此類模式。如果沒有現成的方法，也沒有可改良的選擇，那就直接發明新的方法，麥克萊蘭對勝任力的探究採用的就是這種模式。

根據勝任力考察的需求，麥克萊蘭最終研究出了"行為

事件訪談法"（Behavioral Event Interview，BEI）。這是一種開放式的行為回顧技術，通過一系列問題，收集被訪者在代表性事件中的具體行為和心理活動的詳細資訊。 簡單來說，這種技術的典型做法就是讓你說出你在以往的工作中最成功的事件，並詳述其背景和你當時的所思、所想、所行以及最後的結果。

有兩點需要提醒：**一是行為事件訪談的都是過去的事件**，其隱含的思想是，一個人對未來的暢想其實沒有用，把未來的自己說上天，不如以往真實的工作表現來得更實際。一些研究也表明，過去的工作經歷對未來的表現更具有預測作用。**二是行為事件訪談法的重點在於行為。** 雖然它需要人們對以往事件進行描述，但核心是考察其間的行為表現，因為只有行為才容易考察、測量與訓練。而且，重點考察行為也是未來人才管理的實際需求——不玩虛的。

通過訪談你就知道，優秀者的成功案例和一般人的成功案例是不一樣的。舉個例子，三國時期關羽的成功事件可以說是"溫酒斬華雄"，而你自己的成功事件，頂多是"夜下追小偷"。對優秀者與一般人的成就事件進行比較，並總結出其間的特質差異，這樣，一份工作的勝任力模型就產生了。

對於麥克萊蘭的成就動機理論以及勝任力研究，後來的學者與實踐工作者又不斷地進行了改善，現在依然是許多企業人才培訓與選拔的重要依據。麥克萊蘭的觀點也徹底改變了企業招聘規則，現在的企業招聘很少測智商了，勝任力則成了許多人力資源經理的最愛。經歷過面試求職的你一定會遇到類似下面的提問："對於這個職位，你以前有類似的經驗嗎？"、"你能不能說一個以前工作中最能代表你工作能力的事件？"……這種面試中的常見問題套路，就源自麥克萊蘭。

成功者必備 6 大勝任力特質

借助麥克萊蘭的研究，越來越多的學者與公司參與勝任力運動，並發展出了不同崗位的勝任力模型，這些模型描述了成為某一行業佼佼者的各種特質。後來的研究者又總結出了各項職業中最常用的勝任力。換句話說，如果你想在自己從事的職業中出類拔萃，僅有高智商和不錯的文憑是不夠的，一般來說，以下這些因素更能決定你的成就高低。

一是成就特質。這種特質和麥克萊蘭描述的成就動機緊密相連。你是否擁有主動追求事業的欲望，是否關注工作發展規律以及工作成效，這將成為你事業能否取得成就的首要因素。假如你大學畢業多年，不妨詢問一下你的大學同學的職業發展，你很可能會發現，當年學習成績最好、智商最高的那個人，往往不是世俗意義上最成功的人；而當年那些智商可能並不如你，但卻始終不斷孜孜追求的人，往往發展得更好。

二是助人特質，也是服務特質。這種特質要求人必須具有較強的洞察力及較高的客戶服務意識，能夠敏銳地意識到對方的需求，並想為之服務，通過讓別人得到更好的照顧，進而更好地發展自己。以自我為中心的人在這方面往往有所不足。所以，如果一個人看不出周圍人的臉色，他在事業上就難有起色。

三是影響特質。你不僅要覺察和瞭解對方，還要具有許可權意識和公關能力，知道自己的邊界在哪裡，能否通過影響他人來獲得工作進展，這一點對領導者來說尤其重要。除了認識人，還得影響人。你在日常工作中很可能發現，雖然有些人並非管理者，但他們在各項工作中實際上是帶路人，大家都追隨他們的步伐前進。這就是影響力。

四是管理特質。這是職位升遷的必備素質。假如你處在較高的職位上,需要知道如何指揮下屬,進行團隊協作,認識及培養人,以帶好團隊。管理特質是領導者的必備特質。有的人天生在這方面就比較出色,有遺傳基礎,有的人則需要通過訓練來提升這種能力。

五是認知特質。無論是綜合分析能力、判斷推理能力,還是資訊搜索能力,在對世界的認知上,你總要找到自己的一技之長,也就是你立足的根本。在職場上,你不可能一開始就能管他人,而是得先做事,而要想做得出色,你就需要這種對世界的認識、分析和判斷的能力了。

六是個人特質。這種特質主要涉及一些個體特質。一般來說,在工作中充滿自信,能夠自我控制,為人靈活,對組織忠心耿耿的人更容易做好工作,也更容易取得職位晉升和更多利益。

對於以上 6 大特質,有全部擁有的人嗎?其實很少。不過,這些也只是適用於大多數工作的一些普適性特質,具體到某一工作崗位,要求並沒有這麼高。比如在麥克萊蘭最初提出的管理者勝任力中,只包含兩類內容:一是內部的成就動機、主動精神和概括思維,二是外部的影響力、團隊意識與領導能力。尤其對於領導者，勝任力的要求並不高。

大/師/小/講

熱心的"麥老師"

麥克萊蘭曾擔任哈佛大學社會關係學系的系主任，也是波士頓大學傑出的研究教授。他曾給美國政府做專案、做培訓，先後組織並參與成立了14家研究和諮詢公司。

當然，他在學問上也不甘落後：他獲得過美國心理學會傑出科學貢獻獎及由美國人格評估協會頒發的布魯諾·克洛普弗獎（Bruno Klopfer Award）等諸多學術榮譽獎，曾是美國科學院院士，還被稱為"成就動機研究之父"。

用今天的話來說，麥克萊蘭遊刃有餘地游走於學界、政界、商界，稱得上是一位完美的世俗學者。用一個字概括：穩。

他的研究一切都服從社會需求，聚焦於人才的發現與培養，主要服務於企業，研究物件是成功者、有錢人，研究來源於政府項目，以社會需求為根本，為現實服務。在研究趨向方面，他做培訓、開公司，學以致用。

總之，麥克萊蘭不但有理想、有文化，同時也有道德、有錢。他主張眾生平等、人際有愛，且與人為善、廣結善緣。

說到有錢，麥克萊蘭雖然並不像威廉・詹姆斯（WilliamJames）、高爾頓那樣，天生貴族，含著金湯匙出生，但也出身良好，家境殷實，自己也能賺錢。而且，和一些小氣的教授不同的是，麥克萊蘭賺錢有道，花錢大方。學生形容他是一個"自主、大方，會無限制地幫助他人的人"。

有一次，麥克萊蘭在電梯裡碰到了一個以前教過的學生，聊了幾句後得知，這個學生現在經濟困難，學業難以維繫，可能要輟學。麥克萊蘭立即打開隨身帶的支票簿，填好數字後，把支票給了這個學生。

又有一次，麥克萊蘭找了一批經費，然後和學生說可以跟他一起做事，這一舉措解了許多窮學生的燃眉之急。

還有一次，麥克萊蘭新招了一個研究生，後來發現這名研究生住的公寓裡沒有多少傢俱，於是就幫忙把系裡的書桌、椅子和檯燈借給了他。接著又發現他沒辦法把笨重的傢俱拖回去，麥克萊蘭只好幫他把傢俱抬進車後備廂，還幫著抬上了樓。

類似的故事還有很多，可見麥克萊蘭不但學問做得好，做人也沒得挑。正是由於麥克萊蘭富有同情心、慷慨大方、廣結善緣的特質，這既幫助了他的學生，也成就了他自己。"成就動機理論"是他成名立萬的"撒手鐧"，但他一開始並沒有想研究這方面的內容。

在一次雞尾酒會上，有人對他說："你是搞心理學的，我可以出錢贊助你，隨你研究點什麼。"

恰好在這個時候，麥克萊蘭的一個學生對成就動機比較感興趣，但這個學生並沒有錢。於是，麥克萊蘭把自己獲得的贊助給了這個學生做研究。後來，麥克萊蘭也對成就動機產生了興趣，便全情參與這一領域的研究，結果越做越出色，成果不斷，隨後，支持資金源源而來。最後，麥克萊蘭在成就動機研究領域提出了屬於自己的、造福全社會的成就動機理論。

QUESTION 18

如何提高你的個人影響力

為人做學問就要像霍爾一樣,抱著開放豁達的態度,既可成就一個人的學問,也可以使人成為真正有影響力的人。

> 解惑大師

霍爾

研究「影響力」心理學家

GRANVILLE STANLEY HALL

> 最佳解方

提高影響力的4個要素：1. 敢為人先 2. 廣納英才 3. 善於組織 4. 處事靈活。

如果問誰是心理學界影響力最大的人，多數人首先想到的應該就是佛洛伊德。確實，正如美國心理學史專家湯瑪斯・黎黑（Thomas Leahey）所說："如果偉大可以由影響的範圍去衡量，那麼佛洛伊德無疑是最偉大的心理學家。"但要追根溯源的話，佛洛伊德作為一位德國心理學家，其最初的影響力也只在維也納及其周邊地區。

那麼，最初是誰幫助提升了佛洛伊德的影響力，讓他成為享譽世界的人物呢？另外，一個人若想提升自己的影響力，心理學領域有哪些榜樣值得學習呢？

提到影響力，不得不說的一個人就是美國心理學家斯坦利・霍爾，他的個人成長發展史宛如一本影響力教科書。在本章中，我們將通過霍爾的人生經歷來學習他的理念以及如何提升個人影響力。

心理學界的"第一"

從某種意義上說，佛洛伊德影響力的背後推手正是霍爾，是他在佛洛伊德的學說飽受爭議的背景下，把佛洛伊德和榮格師徒二人請到了美國，讓二人在克拉克大學做了著名的關於精神分析的演講。繼而，精神分析的思想和精神才得到了更廣泛的認可，並傳播到了全世界。在克拉克大學做的那場關於精神分析的演講也是佛洛伊德受到學界認可的標誌，就像在維也納音樂大廳唱歌，基本等同於得到音樂界認可一樣。

那麼，霍爾是個什麼樣的人呢？他為什麼能請到弗洛伊德和榮格呢？他的影響力從何而來？我們不妨先來瞭解一下他的"系列第一"：

第一個在馮特門下學習的美國人；
第一位美國心理學博士；
第一任美國心理學會主席；
第一個心理學出身當大學校長的人；
創建了美國第一間心理學實驗室；

創立了美國第一本心理學雜誌；

……………

總體來說，在美國心理學排行榜上，霍爾是各項指標均占"第一"最多的人。

霍爾的理論與評價

霍爾有這麼多"第一"，那他有什麼傳世思想嗎？其實，霍爾的心理學思想貢獻主要表現在以下 3 個方面：

一是霍爾提出了兒童發展的複演論。他認為，兒童的發展重複了人類種族的生活史。比如，人在胚胎階段重複了魚類的進化，出生後像四足動物一樣爬行，接著站立起來，成為最早的人類；此後，人類像猿人一樣爬上爬下；接下來，人類又像野蠻人一樣打架；最後，人類終於有了文明人的樣子。而這些分別對應著人在童年、少年和青春期的發展。

孩子在小時候喜歡追逐奔跑，就是遠古時代狩獵活動的複演；少年時喜歡打獵、捕魚、偷盜、打架……這種理論聽上去好像很有道理，也很有趣，不過難以證實或證偽，只能當作他的一家之言。

二是霍爾拓展了兒童心理學研究的範圍。他開創了青少年心理學研究，並留下了一本書名很長的著作：《青春期：它的心理學及其與生理學、人類學、社會學、性、犯罪、宗教和教育的關係》（Adolescence：Its Psychology and Its Relations to Physiology，Anthropology，Sociology，Sex，Crime，Religion and Education）。

該書詳細地探討了青春期的心理波動及青少年自慰等問題，但書中的一些錯誤思想也給一代代年輕人的成長造成了陰影，如"自慰有害健康"、"防止自慰要早睡早起，要穿寬鬆內褲，要睡硬板床"等思想都源自霍爾。"教育心理學之父"愛德華·桑代克（Edward Thorndike）評價這本書說："滿是錯誤，大量充斥著自慰等內容，他（霍爾）就是一個瘋子。"總之，這本書開創了一個新領域，留下了許多可供批判的錯誤。

三是霍爾開展了宗教心理學研究。霍爾是神學院出身，但他思維奔逸、熱愛進化論，在別人看來他很不可靠。當他第一次嘗試佈道的時候，神學院的院長就跪了下來，當然並不是向霍爾下跪，而是向神下跪，祈禱霍爾能被賜予真理之光，免受世俗錯誤學說的影響："神啊，原諒這個不靠譜的孩子吧！"不能讓霍爾留在神學院害人，大家都勸他讀哲學，結果，霍爾選擇了心理學，但他也沒放棄自己的信仰。後來，霍爾當了大學校長以後，他設立了宗教心理學院，創辦了宗教心理學雜誌，又通過心理分析的方法來研究耶穌，最後得出的結論是：耶穌就是一個少年超人。這一舉動得罪了眾多宗教界人士，遭到宗教界的一致差評。

不過，僅憑這幾項思想功績，霍爾何德何能稱得上心理學大師呢？

確實，霍爾傳世的思想並不多，但他的影響力非凡。與其說他是個思想家，不如說他是個組織者。他是公認的對美國心理學發展影響最大的第二號人物，第一號人物是威廉·詹姆斯，也就是機能主義心理學的代表人物。

如果比思想，農家出身的霍爾難以跟貴族出身的詹姆斯相提並論，之所以把霍爾排在第二位，多半是源於他的組織領導能力。霍爾除了做學問之外，還當領導、帶學生、創平臺、辦雜誌等；他注重實踐，組織和發展了心理學，讓心理學的影響力遍及生活的各方面。此外，他也展現了一個學界領袖非凡的魅力。最後，他成了心理學界公認的"帶頭大哥"。

能做到這一點是非常不容易的。在一個文化人、知識份子聚集的地方，缺的不是思想家，而是實踐家、組織者。我們知道，知識份子是最難管理的，他們以批判為己任，"不自由、毋寧死"以及"吾愛吾師，吾更愛真理"是他們的信條，"有思想沒覺悟"以及"有組織沒紀律"則是他們的特點。這些文化人的特性在心理學界尤甚。

心理學從誕生至今，始終學派林立，互不服氣，甚至在思想和行為上鬥來鬥去。那麼，霍爾究竟是怎麼做到把這些人團結在一起的呢？他的領導藝術對我們提升個人影響力，又有哪些借鑒意義呢？

提升影響力的 4 個要素

在我看來，霍爾的成功可以歸納為以下 4 種要素。**一是敢為人先。**從上文介紹的霍爾思想中，我們能窺見霍爾思維奔逸，"不羈放縱愛自由"，這也是他的學術創造力的源泉。

實際上，除了做學問，霍爾在生活中也是一個敢為人先、百無禁忌的人。在他看來，規矩就是用來打破的。

學生時代，作為一名神學院的學生，霍爾卻參加社會上的各種活動，游走於紐約的劇院、音樂廳、展覽館，甚至參加降神會的迷信活動，還到"相學中心"花錢找人看相。作為未來的神職人員，霍爾的做法明顯不可靠，這相當於一個公職人員天天混夜總會，與他的身份不符啊。

不過，這與霍爾的個性卻是一致的：誰也擋不住他自由的思想和行為。

當了教授以後，霍爾也不安分。比如在研究青少年時，他就多次談及年輕人的性問題，後來還想在大學講壇上公開探討性的問題。在當時，這一行為是有傷風化的，但老百姓卻喜聞樂見。於是，大量校外人員湧入校園，有的人甚至會在門外偷聽。但很不幸，霍爾的演講最終出於種種原因被取消了。霍爾心有不甘，後來他當了校長，就請佛洛伊德來談性。

霍爾當校長的經歷也很有意思。當時美國的一個"煤老闆"、出售採礦器械發達的土財主約拿斯·克拉克（JonasClark），決定效仿約翰斯・霍普金斯（Johns Hopkins）建一所大學，為家鄉的教育事業做些貢獻。後來，不知怎的，克拉克找到了霍爾，想讓他來當校長。當時霍爾44歲，一邊是安穩的教授工作，一邊是克拉克的空頭支票，選哪一個呢？為了開創新事業，霍爾選擇了後者。

一開始，學校既無校園也無教員，只有克拉克給的100萬美元，基本可以說是從頭做起。但令人感到驚奇的是，第二年，霍爾真的把這所大學辦了起來，開設了5個系，其中就有心理學系。

不過，後來克拉克發現，辦大學的花費是個無底洞，他逐漸就不願意投錢了。"屋漏偏逢連夜雨"，趁著學校給不出薪資的空檔，芝加哥大學又來挖人了，結果2/3以上的師生被挖走了……但作為校長的霍爾依然堅持辦學，找人找錢，直到學校的財政狀況正常。霍爾在克拉克大學服務了30多年，而這所大學也成了當時美國心理學的重鎮，培養了大批心理學人才。

由此我們可以看出，霍爾是一個不甘寂寞、敢為人先且有所堅持的人。

二是廣納英才。雖然霍爾在思想上堅持戰鬥，甚至有些偏激，但他把思想和行動分得很開。做學問，不偏激不成；而做人，需要寬容大度，這樣才能立旗幟，吸引人才。從這一點上來說，霍爾絕對是一個心胸開闊、海納百川的人。

霍爾創辦了世界上第一本心理學雜誌《美國心理學雜誌》，雜誌的宗旨是什麼呢？沒什麼宗旨，對來自所有心理學家的研究都開放，主題廣泛，什麼文章都發。第一期的內容就包括佛洛伊德的思想介紹、神經病學與心理學的關係、夢、小寫字母的易讀性、偏執狂，甚至包括烏鴉的冬季棲息地等文章。

另外，霍爾辦學校當校長，什麼學生都收。霍爾在思想上是反對男女同校的，他認為女性的角色就是做好母親；但在實踐上，他領導的克拉克大學對女研究生卻是最開放、最包容的，他支持女性讀研究所。

此外，他也願意接收那些遭到其他學校拒絕的學生。曾有一個非裔美國黑人，因為喜歡心理學，一開始申請伊利諾大學和美利堅大學的博士研究生課程，但遭到了拒絕。後來，他直接向克拉克大學提出申請，霍爾二話沒說就同意了。這個學生是美國第一個黑人心理學博士，也是霍爾的最後一個研究生,之後他成為非裔美國人中研究心理學的領軍人物。

在"天下英才皆為我所用"思想的指導下,霍爾在克拉克大學的 30 多年間培養了 81 個博士,比如實用主義的集大成者約翰・杜威(John Dewey)、搞測量的詹姆斯・麥基恩・卡特爾以及路易斯・特曼(Lewis Terman)等人都是他的學生。

有人做過統計:"霍爾是美國心理學偉大的研究生導師。到 1893 年為止,美國大學所授的 14 個哲學博士中,有 11 個是由他授予的。到 1898 年,這一數字已經增長,當時的 54 個哲學博士學位中,有 30 個是由他授予的。"

換句話說,大部分美國心理學家都是"霍家軍"。另外,還有一件有意思的事:霍爾所帶的博士生中,有 1/3 最終都像他一樣,走上了大學行政領導職位,當官了。

三是善於組織。孟子曾說,"得天下之英才而教之,不亦快哉"。而霍爾想到的不僅僅是做天下英才的老師,對他而言,聚天下英才共同來做點事,更是一大樂事。於是,霍爾就熱心地忙了起來。

當時，美國的心理學人越來越多，但沒人組織可不行。於是，霍爾發出邀請函，遍撒英雄帖，並擔任東道主，邀請了當時心理學界的 26 位有頭有臉的人物，成立了美國心理學會。霍爾理所當然地成為美國心理學會的首任會長。現在，美國心理學會的規模已超過 15 萬人，這一切都與霍爾當年的努力息息相關。

　　霍爾還組織了一場載入心理學史的會議：克拉克會議。借著舉辦校慶的機會，霍爾把佛洛伊德等當時心理學界的風雲人物都召集到了克拉克大學，共商心理學大業。這次大會有點像 1927 年在比利時召開的物理學家齊聚一堂的索爾維會議。據史料記載，參加那次會議的 29 人中有 17 人獲得了諾貝爾獎。

　　在那張歷史性物理學家聚會的照片中，愛因斯坦居於核心位置。而在這次克拉克會議中，詹姆斯、佛洛伊德、愛德華‧鐵欽納（Edward Titchener）等眾多心理學大佬都到場了，最後大家合影留念，位居照片"C 位"的是霍爾。

　　召集眾多能人一起做有意義的事，你最終也能成為其中的一員，甚至成為領導者。用專家來撐場面，其實就是在撐自己。

四是處事靈活。在教授聚集的文化圈內,性格執拗的人居多。當然,堅持某種道理、一條路走到底,也是一些人終成大家的原因。霍爾與他們不一樣,他把做學問和做領導分得很清。在做學問上,霍爾思維奔逸,語不驚人死不休;而在待人接物上,霍爾則體現了一個文化人少有的處事靈活的社會人特質。

比如,在美國心理學會籌集和召開期間,詹姆斯和杜威兩位大佬收到了邀請,但他倆都不屑於理會霍爾的"民間俗事",不想去。這該怎麼辦呢?心理學大業肯定少不了這些人物的支持啊!於是,霍爾就特事特辦,給了他二人特別的地位,叫作"特許會員"。

後來,美國心理學會的事辦得越來越順,詹姆斯和杜威也先後擔任了會長。還有幾個心理學界的強人跟詹姆斯和杜威一樣,也獲得了特許會員資格——哪個學會不是強人越多越好呢。

在克拉克大學建校 20 周年時,霍爾想找一些專家來撐場面,於是他邀請了馮特,並開出 750 美元的旅費,但馮特沒去。原因在於,一來馮特是個老學究,不愛出門,從歐洲到美國路途漫漫;二來馮特所在的萊比錫大學要舉辦 500 年校慶，他要做主題發言，分身乏術。霍爾也邀請了研究遺忘曲線的赫爾曼・艾賓浩斯（Hermann Ebbinghaus），但後者還沒來就去世了。

霍爾還邀請了佛洛伊德，最初也遭到了對方的拒絕，主要原因是佛洛伊德嫌給的錢少。於是，霍爾加大價碼，給佛洛伊德與馮特一樣的待遇，外加差旅費全包，如果有需要，順便還能給他一個美國的學位。後來，佛洛伊德來到了美國──心理學史也因為霍爾的幾百美元而改變。

我們來總結一下霍爾領導力的秘密：

一是敢為人先，百無禁忌；二是廣納英才，相容並包；三是善於組織，熱心聯絡；四是處事靈活，懂得社交。具備這樣的品質，還愁沒有影響力嗎？

沒有清規戒律是不能打破的，為人、做學問就要像霍爾一樣。抱著開放豁達的態度，既可以成就一個人的學問，也可以使人成為真正有影響力的人。

最後談一個霍爾影響力的小案例。美國第 28 任總統湯瑪斯・威爾遜當年也是霍爾的學生。在霍爾的影響下，威爾遜竟然考慮放棄政治學和歷史學的學習，去主修心理學。不過，威爾遜最終沒有聽霍爾的話，不然，美國可能又多了一位心理學家，少了一位總統。

QUESTION 19

怎樣才能做到心理平衡

心理平衡的 4 種策略（改變認知、增加新的認知、改變認知的相對重要性、改變行為）和積極維護自我的 3 種概念（學會自我覺察、降低結果預期、不要亂找藉口）

解惑大師

最佳解方

要做到心理平衡，應該來自自我的強大，而不是扭曲對世界的認知。

阿倫森
ELLIOT ARONSON

研究「認知失調」心理學家

假設你正在參加一場很重要的考試，雖然你在考前做了充分的準備，但由於題目特別難，很多題目你回答不上來，你很可能會因為成績不及格而通過不了考試。此時，你發現旁邊的那個人答題特別流暢，而且你剛好能看清他的答案。問題來了，在這種情況下，你會不會作弊？

　　如果你作弊，那麼出了考場之後，你心裡會有一些愧疚：正直的人怎麼會做這種違背正道的事？如果你不作弊，心裡又會想：明明有獲得好成績的機會，自己卻沒有抓住。內心可能會有一些不甘。遇到上面的情境，無論你怎麼選擇，都會經歷一些心理不適或不舒服。那麼，如何處理這種心理上的不平衡呢？

　　心理學研究發現，我們往往會通過改變對當下事件的解釋和態度來重獲心理平衡。比如，對作弊的人來說，他們會對作弊的態度寬容一些："作弊一次沒什麼大不了的，上學的時候誰沒這麼做過呢？"而對那些拒絕作弊的人來說，他們會對作弊行為大加鞭撻："作弊取得的成績有什麼意義呢?今天考試作弊,明天做人失敗。"

生活中的很多事情會攪亂我們的心,甚至讓我們心有不甘。當兩種想法或信念(認知)不一致時,我們會出現一種緊張狀態(失調)。為了減少這種不愉快的感受,我們會自發地調整自己的想法,重獲心理平衡。而考察人心失衡現象以及平衡策略,是心理學家阿倫森擅長的領域,關於這方面的學問則被稱作認知失調理論(cognitive dissonance theory)。

認知失調理論與自尊

▶ 費斯廷格的認知失調理論

談到認知失調理論,得先從阿倫森的導師利昂・費斯廷格(Leon Festinger)說起。認知失調理論是費斯廷格在其名著《認知失調理論》(A Theorg of Cognitive Dissonance)一書中提出來的,阿倫森也是閱讀了當時未出版的書稿後,才決定追隨費斯廷格學習的,因為他的學問做得太好了,否則誰願意做江湖上傳說脾氣很臭的費斯廷格的學生啊。費斯廷格認為，人有一種保持認知一致性的趨向。

在現實社會中，不一致的、相互矛盾的事物處處可見，但外部的不一致並不一定會導致內部的不一致，因為人們可以把這些不一致合理化，從而達到心理或認知的一致。倘若人們做不到這一點，就達不到認知一致性，心理上就會產生痛苦的體驗。

通俗點講，當人們遇到內外資訊不一致的情況時，可以進行自我合理化。比如老婆很漂亮，但脾氣大，丈夫覺得難受，他可以這麼想：漂亮老婆雖然脾氣大，但自己就是有受虐傾向啊，搭配起來正合適。這樣一來，心理就平衡了。如果找不到合適的理由，心理上就會不平衡，當然也就會痛苦。

費斯廷格還認為，假如兩種認知要素是相關且相互獨立的，可以由一種要素推導出另一種要素的反面，那麼這兩種認知要素就是失調關係。例如，吸煙的人如果有以下兩種認知，即"吸煙有害健康"和"我吸煙"，那麼他會體驗到認知失調。

因為由"吸煙有害健康"可以推導出"我不應該吸煙"

的結論，而吸煙的人當前的吸煙行為恰恰與這一結論相反。如果出現了這種現象，那麼人在心理上就會產生痛苦的體驗。這種失調的感覺會成為一種內驅力，就像饑餓和口渴一樣，激勵著人們想辦法緩解認知失調，盡力改變其中一種或兩種認知，從而達到兩種認知的一致和諧。如此一來，人在心理上就平衡了。

對於"吸煙有害健康"與"我吸煙"之間的矛盾，該怎麼解決呢？最好的方式當然是戒煙了：不吸煙了，矛盾自然就解決了。但戒煙太難了，很多人多次半途而廢。因此，很多人一般會從另一種認知入手，即通過轉變"吸煙有害健康"的觀念來達到心理平衡。他們會尋找一些證據，比如"科學家對'吸煙有害健康'的說法無定論"、"我家鄰居抽煙喝酒，也活到了九十九"等；或者"增加"一些新觀念來達到認知協調，如"雖然吸煙有害健康，但吸煙讓人開心；我吸煙我開心，人生最重要的就是開心啊，不開心活著也沒意思"。這樣一轉變，心理就平衡了：接著吸煙吧。

▶ 認知失調中的自我概念

阿倫森追隨費斯廷格的腳步，也開始研究人的各種認知失調現象，但他逐漸發現，人有時的確會產生失調，但究竟是什麼樣的認知引發的失調，卻存在爭議。比如"通過種種考驗進入一個組織，卻發現組織活動很無趣"，這會讓人產生認知失調，但這也可以換一種方式來表述，比如"我是一個聰明能幹的人，卻通過考驗加入了一個無價值的組織"，這也是一種認知失調。究竟怎樣理解才好呢？

後來，阿倫森發展了費斯廷格的理論，將**人的認知失調問題之源歸結於人的自我概念和自尊**，這樣就更容易理解人性了，同時也將人的兩種基本需求和認知失調聯繫起來。在阿倫森看來，人有兩種基本的認知需求：一是正確認識世界的需求，這也是人賴以存活和延續的基礎；二是維護良好自尊的需求，這是人積極成長的根源。如果二者之間產生衝突，該怎麼辦？也就是說，**要想正確認識世界，就必然會帶來自尊的損毀；而要想維護自尊，就必須扭曲地、錯誤地認知世界。**

舉個例子。從客觀上來說，某個人的能力有限，所以難有所成，可他又是個要強的人。如果他按照客觀事實來理解自己，那麼他必然得出結論，認為自己的能力就是比一般人低，但這樣會影響他的自尊；那他要想維護自尊，就不能以客觀的方式認識世界。對於這種認知失調，該怎麼處理呢？大部分人最後的選擇往往是：為了維護良好的自我感覺，寧可扭曲地認知世界。比如工作中的失敗者，他們就會把自己的績效不良歸結於主管不重視或小人當道等外在因素，這樣他們就心理平衡了，自尊也得以維繫。不過有意思的是，阿倫森一開始用自我理論來解釋認知失調時，"霸道"的費斯廷格並不喜歡。直到10年後，費斯廷格才接受了自己的聰明弟子阿倫森對自己理論的修正。

▶ 男性失調與女性失調

把人的心理失衡歸結於人的自我概念，這樣的解釋力的確很強。放眼周邊的人和事，包括我們自己，有時會難以理解：一個人怎麼會做出這樣的事？一個人怎麼會有如此的表現？諸如此類。仔細一想，往往就和上文提到的因素有關係了，即現實殘酷，但人的自尊又是"剛性需求"，為了維繫良好的自我概念與自尊，人寧可扭曲地看世界。

比如，很多男性在投資的時候，為什麼賣不掉一隻虧本的股票？在股市上沉浮，賺多賺少，賣了都沒有問題，但虧本的股票賣了叫"割肉"：不僅心疼，肉也疼。原因很簡單，男性賣掉虧本的股票，就是在承認一個事實：自己很蠢，且做出了一個非常錯誤的投資決定。這對自我感覺良好且有自尊心的男性來說，簡直是奇恥大辱。所以，為了維繫這種虛偽的自尊，就扭曲地認知世界，從而達到心理平衡。比如找一些自己都不相信的理由："反正我也不差這點兒錢，不投資股市也不知道幹什麼"、"股票起起伏伏，早晚有一天會漲回來的"等。真實情況是這樣的嗎？當然不是了，拿我來說，我有檔股票投資10多年了，虧了90%，現在都沒漲回來呢，說起來都是淚。

談到這裡，也許有些女性在暗笑：你看男性多虛榮啊。其實，男女都一樣，男性賣不掉虧本的股票，就像有些女性離不開糟糕的男性一樣。這其中的道理不是一樣的嗎？在生活中，我們常見的一個現象是：有些女性很明顯遇人不淑，遇上渣男。周邊的人都勸分手，她們自己也有感覺，但就是分不掉。什麼原因呢？是舊情難捨，還是愛情仍在？其實都不是，真正的原因就是，如果選擇分手，意味著她們必須承認一個事實：自己太愚蠢了，把自己的青春浪費在渣男身上。她們的自尊心受不了。因此，為了維護自己的虛榮與自尊，她們往往會編造各種連自己都不信的假話來騙大家和自己，比如說："我老公現在好多了，人是會改變的嘛。原先他脾氣一上來每天都摔東西，現在一周只摔一次……"

始於費斯廷格、完善於阿倫森的認知失調理論，其解釋力之強大，對人性認知的"穿透力"之強勁，由此可見一斑。

認知失調・阿倫森

大/師/小/講

霸道導師和倔學生

阿倫森是當代最傑出的社會心理學家之一，也是美國心理學會史上唯一一位獲得寫作、教學和研究 3 方面大獎的人。此外，他還是心理科學協會威廉・詹姆斯終身成就獎的獲獎者，被譽為"從根本上改變了我們日常生活的科學家"。《社會心理學手冊》（Handbook of Social Psychology）的主編加德納・林奇（Gardner Lindzey）曾說："如果社會心理學界有諾貝爾獎的話，我相信阿倫森一定是第一位獲獎者。"

阿倫森是"好老師、好學生"的典型代表。他師出名門，人本主義大師馬斯洛是他的本科導師，人稱"社會心理學教皇"的費斯廷格是他的博士導師。在馬斯洛的幫助下，他談了一場不錯的戀愛；在費斯廷格的幫助下，他又做出了一系列影響深遠的研究。

阿倫森的碩士博士導師雖然都很有名，但他們三人之間的交集並不多。有意思的是，當費斯廷格得知阿倫森對心理學的興趣是由馬斯洛先培養出來的時候，他一臉鄙夷："馬斯洛？那個傢伙的觀點爛得不值一提。"費斯廷格就是這麼狂。事實上，阿倫森同費斯廷格的交往，在一開始並不愉快。

費斯廷格是一個學霸型的人物，他專橫霸道與百般挖苦的風格常常讓他的研究生感到十分屈辱。在課堂上，他還會要求學生閱讀許多和心理學基本無關的書。阿倫森選了他的課，學期過半，提交了一篇學期論文。後來，費斯廷格叫阿倫森到自己的辦公室去，然後從一疊論文中抽出了阿倫森的論文，接著面帶鄙夷和蔑視地問："這就是你寫的論文？"隨後直截了當地告訴阿倫森："我很不喜歡這篇論文。"對阿倫森這種好學生而言，這簡直是侮辱，但他仔細一看，發現自己的論文還真有問題，於是又重寫了一遍，扔到費斯廷格面前："也許你會認為這篇好一些。"20分鐘後，費斯廷格把論文輕輕地放到阿倫森面前："這篇值得評一評了。"就這樣，一個眼裡不容沙的老師，一個嚴格要求自己的學生，由於都對心理學有著偏執的愛，這對彼此有著"虐緣"的師生開始了更深入的交往，阿倫森也選擇了費斯廷格做自己的博士導師。

同樣聰明，對事業又都有著執著的熱愛，阿倫森和費斯廷格相處得越來越融洽，科學研究合作成果也越來越多。後來，阿倫森快畢業的時候，因為有兩科統計的課程成績一般，他擔心自己不能留校。這時，費斯廷格力挺他："統計不要緊，像你這樣的傢伙愁什麼？等拿到博士學位，你可以雇一兩個統計員，到處都有。"於是，師徒倆開始了認知失調的研究。

如何重獲心理平衡

那麼，一個人產生認知失調後，是如何重獲心理平衡的呢？我們該怎麼做才能在正確認知世界的基礎上維護自己的自我概念和自尊？接下來，我們來談談認知失調理論的應用問題。

▶ 心理平衡的 4 種策略

正確認知世界的需求與維護良好自尊的需求存在矛盾時，會引發心理痛苦體驗。對此，有沒有其他方法呢？根據認知失調理論，以下 4 種方法也可以減少人的認知失調。

一是改變認知。如果兩種認知相互矛盾，我們可以改變其中一種，使其與另一種相一致。比如本章開篇的案例，當"我是一個誠實的人"與"我在考試中作弊了"這兩種認知出現失調時，可以通過改變對考試作弊的認知來恢復心理平衡，比如否認自己考試作弊，是自己一不小心看到了另一個人的答案，這樣就心理平衡了。

二是增加新的認知。如果兩種不一致的認知出現了失調，那麼失調程度可通過增加更多的協調認知來降低。比如對於"誠實的人考試作弊"的失調，可以再增加一種認知，如"做學生的，哪有不作弊的"，從而獲得心理平衡。

三是改變認知的相對重要性。因為一致的認知和不一致的認知必須通過重要性來加權，因此可以通過改變認知的重要性來減少失調。比如可以在認知上降低考試作弊的權重來平衡自己的高度自尊，即形成"我是個有自尊的人，我作弊了，但這只是小事一樁"，進而達到心理平衡。就如同孔乙己一樣，認為讀書人竊書不能算偷，這樣一來，自視頗高的讀書人盜竊圖書就沒什麼大不了的了。

四是改變行為。這才是我們期待的結果，即承認自己的錯誤，認識到考試作弊不對，認知到自己的不足，從而痛改前非。不過，行為比態度更難改變，犯錯的人總是不大願意去做。

▶ 積極維護自我的 3 種概念

雖然剛剛談到了幾種心理平衡策略，但事實上，大多數人更多的是通過扭曲地認知世界來達到心理平衡。這種維護自我概念及自尊的做法其實並未尊重事實，長此以往，對人對己必然會造成傷害。

這就好比一個自認聰明的人，由於害怕考試失敗，在重要的考試之前，採用的應對方案竟然是自我設置障礙，徹底放棄學習，結果考試必然失敗，但他的心理是平衡的：因為他沒有學習啊,不能說他笨,因為他對聰明的自我認知還在,虛榮的自我價值感也還在;反之,一個自詡聰明的人,努力複習功課,結果考試遭到挫敗,很可能會引起認知失調,難以收場。不過,前一種做法最終會影響自己的前程。

那麼,該如何積極面對挑戰和可能的失敗呢?當現實的困境威脅到我們的自尊時,又該如何應對呢?

首先,**學會自我覺察**。留意自己是不是虛榮心過度,是不是太過於追求完美,玩不起,承受不了失敗的痛苦。有時候,人為了自尊和虛榮,寧可錯誤地認知世界,從而達到心理平衡。所以要提醒自己,少用這種策略。

其次,**降低結果預期**。不要凡事總追求完美,比如考試成績差一點也正常。生活本身就不是完美的,即便是學霸,也不一定會有完美的一生。不要害怕失敗,每個人都有失敗的時候,學會承認錯誤,"觸底反彈"。順其自然,盡力而為。

最後,**不要亂找藉口**。出點問題並不可怕,沒必要因此懷疑自己。就像考前一兩晚睡不好覺很正常,工作中有些事情沒做好也很正常。不為自己找藉口,也不抱怨環境。

心理平衡是我們的生活所需,做有價值的人也是許多人的渴望,但要做到這一點,從根本上來說應該來自自我的強大,而不是扭曲對世界的認知。

QUESTION 20

如何理解和自己不同的人

在當下這個多元交往的"地球村"裡，不同的國家、不同的人，都要尊重彼此的文化，這樣世界才能和平，大家才能友好相處。

> 解惑大師

馬庫斯

HAZEL ROSE MARKUS

研究「文化心理」心理學家

> 最佳解方

每個個體都必須有其獨立自主的一面,又要處理好相互依存的關係。

人是文化的產物。處於不同文化的人，在心理和行為上會表現出不同的特性。曾經有一個美國年輕人，他對中國文化、中國人產生了濃厚的興趣，便來到中國，學習並工作了一段時間，順便做些考察。結果他發現，中國人在許多方面與美國不同，而且中國不同地域的人，也表現出不同的性格面貌。

在廣州的時候，他發現人們行色匆匆，每個人都在忙自己的事，相互交往時會儘量避免衝突。在路上與他人相遇時，對方會儘量避免與他進行眼神交流，安靜地甚至略帶緊張地從他身邊走過。

而當他來到北方的時候，發現人們樂於交往，甚至對剛認識的人也直言不諱。他和另一個夥伴去博物館遊覽時，工作人員直接評價他們："你們的中文說得真好！"然後又指出其中一個比另外一個說得好，這種直接的表達讓他感到有些尷尬。不過，這種南北方的差異也讓他感覺很有意思。

其實，他應該再去東北看看。在東北，他可以體驗一下兩個陌生人相見後，上來就是"你瞅啥？"、"瞅你咋地？！"然後"拳腳交加"的交往方式，別有一番風味。

當然，這是玩笑話。不過，這個年輕人的發現是對的，處於不同文化的人，其表現確實有差異。因此，**在當下這個多元交往的"地球村"裡，不同的國家、不同的人，都要尊重彼此的文化，這樣世界才能和平，大家才能友好相處**。那麼，面對一個廣袤多元的世界，我們該如何樹立正確的世界觀？又該如何理解與自己不同文化的人呢？

本章就介紹一位文化心理學大師：海茲爾・羅絲・馬庫斯（Hazel Rose Markus），一起瞭解她的文化心理研究及其現實意義。

最經典的自我觀：
獨立型自我與互依型自我

1991 年，馬庫斯關於不同文化之下人心差異的論文得以發表，這篇論文就是她與日本學者北山忍合著的宏文《文化與自我》（Culture and the Self）。這篇論文可稱得上是文化心理學的經典名篇，影響力巨大。迄今為止，Google 學術顯示，該論文的引用率已達到了 2.9 萬次（2022.2）。

要知道，這篇論文是在 1991 年發表的，距今時間不長，而且文化心理學是一個相對小眾的領域，所以這個成績是非常了不起的。佛洛伊德那本著名的《夢的解析》，自 1996 年以來的引用率也只有 2 萬多次，況且，多少人在研究佛洛伊德啊！

馬庫斯與北山忍的一個基本觀點是，文化造就了"自我"的結構和內容。文化不同，"自我"的結構和內容也不同。在西方文化中，如在信奉個人主義文化的美國，人們強調的是個人獨立，主張獨立於他人和確定自己。為了達成這樣的文化目標，個體要立足於自身的思想、感受和行為，且每個人都是獨立的個體，都要為自己負責。因此，根植於西方個人主義文化中的自我可以稱為"獨立型自我"。

而在非西方文化中，如在信奉集體主義文化的日本，人們強調的是人與人之間彼此的相互聯繫和相互依附，個體把自己看作是包容性社會關係的一部分，並立足於關係中他人的思想、感受和行為。因此，根植於東方集體主義文化下的自我可稱為"互依型自我",也就是互相依賴的自我:我中有你,你中有我。

馬庫斯認為,在美國這種以獨立型自我為主的文化中,行為動機來自個體內部;而在日本這種以互依型自我為主的文化中,行為動機主要來自外界推力,進而轉化為內在感受。不同文化下的自我,也造成了不同文化下人們的心理和行為的差異。

馬庫斯用多種證據證實了她的跨文化自我觀。比如,她比較美國和日本的廣告後發現,美國的廣告內容過分強調自由、獨特和與眾不同,而日本的廣告內容更多強調的是相互依賴、同情、歸屬和與時俱進。在日本的某個胃藥廣告中,展現的不是患者個人戰勝病痛的故事,而是3個戴有隸屬於某個小團體標誌的男性,他們微笑著在一隻清酒瓶上跳舞:沒病了,大家一起開心。馬庫斯的研究雖然是以美國、日本為主,但她的結論可以推廣到更多文化中:歐美等多數國家屬於獨立型自我的文化,而日本、印度以及中國則屬於互依型自我的文化。

那麼,馬庫斯的這種文化和自我觀研究有什麼用呢?有很大用途。除了研究的案例之外,這種不同自我觀的分解,可以用來解釋現實，甚至可以為我們的生活提供更多有效的建議。

舉個例子來說，假如你在工作中發現，某個下屬或同事犯了錯，你會不會說出來？這個問題看似簡單，但在不同文化中，人們的實際操作可能不一樣。

在獨立型自我的文化中，人們重視個體之間的獨立，個人之間的界限要清晰，每個人要為自己負責，所以人們該說就要說，注意方式方法就行了。

而在互依型自我的文化中，比如在中國，你最好先別說，先看看對方是誰的人，因為在互依型自我的文化中，自我概念之間的界限並不清晰，彼此依賴。對中國人來說，自我概念不僅包括自己，也包括自己的親人、朋友等比較親密的人。如果你貿然批評一個有背景的人，比如不小心批評了主管的小姨子，你可能會吃不了兜著走。因為在主管的自我概念中，由於互依型自我的關係，部門裡的小姨子也是他的自我概念的一部分：瞧不起他的親人，就是瞧不起他。所以，在這種互依型自我的文化中，如果不搞清楚人與人之間的溝通和聯結，在工作中基本上會寸步難行。

不僅工作如此，生活也一樣。比如罵人，仔細琢磨後你會發現，這也是很有意思的一件事：獨立型自我和互依型自我兩種不同文化中，罵人的方式也不一樣。比如，美國人罵人的話，經常是以 f 開頭的詞（fuck），後面接的單詞一般直接是 you（你）。

所以在美國，"冤有頭，債有主"，每個人都為自己負責：我對你有所不滿，直接罵的是你自己。那中國人是怎麼罵人的呢？對別人不滿時，往往針對的不是對方本人，而是從人際關係出發，最常用的就是"問候別人的母親"。

如果這樣罵老外，他們可能會莫名其妙：你對我不滿意，罵我媽做什麼呢？我是我，她是她。每個人為自己負責，你罵她，對我也沒有影響啊？但在中國這種互依型自我的文化中，母親就是"自我"的一部分，罵我媽當然就是罵我自己，甚至比罵我自己還令人反感。其實，對於中國人的髒話，細品一下會發現，絕大多數是從人際關係出發的，詆毀的是對自己重要的他人，比如"他媽的"、"他奶奶的"、"他大爺的"，都是同樣的思路。

這並不是胡說，因為對中國人來說，自我中包含母親的成分，母親是"自我"的一部分。這個觀點也得到了腦科學的證實。2007 年，北京大學的朱瀅教授等人，用中西方大學生兩組被試者進行了"母親參照效應"的腦成像研究，結果發現，對中國人而言，在自我參照和母親參照的條件下，腹內側前額葉都被啟動了；而對西方人而言，只有在自我參照的條件下，他們的腹內側前額葉才會被啟動。這說明中國人的"自我"與"母親"位於同一腦區，這為中國人獨特的"母親參照效應"提供了神經生理層面的證據。

最新潮的自我觀：
大米文化與小麥文化

話說回來，馬庫斯的《文化與自我》研究之所以產生巨大影響，還有一個時代背景。20 世紀 80 年代中後期，日本經濟蓬勃發展，震驚世界。當時，日本人表現得太優秀了，日本生產的汽車、電腦、相機等橫掃歐美市場。

當年，日本人也非常有錢。在洛杉磯，日本買下了市區一半的房產；在夏威夷，96% 的其他國家的投資都來自日本。當時的美國媒體驚呼：日本人來了，他們要"買下美國"！日本的這種發展態勢讓長期以為自己是宇宙中心的美國人有點受不了了,他們開始琢磨:日本人為什麼這麼厲害?他們有什麼樣的文化和心理?一開始,很多美國人通過《菊與刀》這本小書來理解日本人;多年之後,從實證層面解釋美日心態差異的《文化與自我》出現了,這篇論文的發表可以說是佔盡了天時地利人和。

時過境遷,今天中國的發展也與當年的日本有很多相似之處,讓包括美國人在內的世界震驚。所以,世界的目光,包括對文化心理的研究聚焦於中國,也就不足為奇了。不過,與文化、種族相對單一的日本不同,中國幅員遼闊、文化多元,所以今天的學者的目光不僅在馬庫斯開拓的領域進行中美差異的比較,而且還深入中國腹地,具體比較中國內部不同文化之間的差異。2014年,發表於《科學》雜誌上的《水稻理論》(The Rice Theory)一文,就因為對中國文化理解的新穎視角引起了世人的關注。

還記得本章一開始提到的那個美國年輕人嗎?他就是水稻理論的提出者湯瑪斯‧塔爾赫姆(Thomas Talhelm)。這一理論把馬庫斯的"文化與自我"觀念拓展到一國之內,認為中國南北方的文化差異源自不同的耕種文化:居於水稻區的南方人更多地表現為集體主義,擁有和日本、泰國等東南亞地區相似的互依型自我;而居於小麥區的北方人更多地表現為個人主義，擁有和歐美等地區類似的獨立型自我。

水稻理論把自我觀差異的原因歸結於耕種文化，基本上屬於地理決定論。這一理論認為，傳統上種植水稻的人群會培養出更加強烈的集體意識，因為種水稻付出的勞力非常大，需要鄰里間的合作，最終形成了一種集體主義文化；而生產小麥人們可以獨立進行，且只需要生產水稻一半的勞力，不需要相互合作，最終產生的文化更偏重於個人主義，人們也更具備獨立意識與思辨能力。雖然到了今天，我們已經不再像耕種時代那樣種植農作物，但遺傳下來的習慣依然伴隨著我們。文化是烙印在人身上的古老痕跡，不太容易改變。

大/師/小/講

研究之初與學問夫妻

馬庫斯，這是一個典型的男人的名字。如果在 Google 以馬庫斯為關鍵字進行搜索，前幾頁都是男性。而我們今天講的馬庫斯，則是如假包換的女性心理學家，人家不過姓的是馬庫斯，名字是海澤爾·羅絲，"淡褐色玫瑰"之意，但我們心理學界男性居多，把人家叫成了一個男性名字的馬庫斯。記一下，馬庫斯是一位有著一雙迷人眼睛、一頭紅色波浪髮的資深美女。

馬庫斯現在是斯坦福大學行為科學系的教授，在密西根大學獲得博士學位。她在 1994 年當選美國藝術與科學學院院士，在 2016 年當選美國國家科學院院士。同時，馬庫斯也是美國心理學會傑出科學貢獻獎得主，且著作極多，寫了 150 多本書，現在還在寫。

提到馬庫斯文化研究的緣起，得從她的童年經歷開始談起。6 歲時，馬庫斯隨父母從英國搬到美國。剛到的時候，她的母親由於帶英式口音，因此被美國人嘲笑。

後來，馬庫斯瞭解了美國多元文化下各種族的差異性表現，開始對文化心理問題感興趣了。不過，在她準備研究生論文時，她的導師不讓她做跨文化比較項目，因為她的導師覺得她跑題了，這不屬於基礎研究。沒辦法，馬庫斯只能等待。

在讀博士時，馬庫斯遇到了北山忍，想要和他合作。不過，北山忍當時沒有興趣，他和許多國際學生一樣，只想著儘快認識美國，融入美國：

"我從日本來，再研究日本，那我來美國幹什麼呢？"馬庫斯博士畢業後，去了幾次日本，回到美國後就找北山忍聊，説日本人好奇怪啊，或這樣或那樣，反正就是跟美國人完全不一樣！北山忍回覆説："你知道嗎？到底誰才奇怪呢？你們這樣那樣，美國人才是真奇怪呢！"到底誰奇怪呢？倆人琢磨了一番：要不我們一起研究一下吧。後來，一篇由馬庫斯和北山忍合作的跨文化視角下自我差異的經典論文就出爐了，並由此一發不可收。

另外，談到馬庫斯如此厲害的學術表現，你可能會有疑問：站在這個成功女人背後的，是一個什麼樣的男人呢？

其實，馬庫斯背後的男人叫羅伯特・紮瓊克（Robert Zajonc），已經去世。他也是一位大師級的心理學家，同樣是美國心理學會傑出科學貢獻獎的獲得者。所以說，這夫妻倆可稱得上是心理學界的神仙眷侶了。

不過，與馬庫斯專注於文化與自我的研究不同，紮瓊克才華橫溢，愛好廣泛，其研究對象包括大鼠、鴿子、小雞，甚至蟑螂以及人類，幾乎涉足心理學的各個領域，而且他的某些研究也很有意思，比如他對夫妻相的研究。

都說夫妻相處越久，長得越像，而且越恩愛越像。什麼原因呢？紮瓊克解釋說，除了飲食和環境外，面部特徵的相似性可歸因於同理心。當你對某個人產生同情時，就會在不知不覺中模仿對方的表情，你就會感覺到類似的情緒，動用相似的面部肌肉，久而久之，倆人長得就越來越像了。

如此說來，妻子懷孕的時候，屋裡貼一個好看的明星的照片，天天看，學習明星的招牌表情，或許能讓寶寶長得好看一些。

文化心理學的啟示

▶ 對不同文化的尊重

從東方到西方,從不同的國家到同一國家內不同的族群與區域,都存在著差異。不同的文化和地理,也造就了不同的世道人心。對於中國人而言,封閉的大陸地理環境使得人們的思維局限在本土之內,人們善於總結前人的經驗教訓,喜歡以史為鏡,對新鮮事物缺乏好奇,對未知事物缺乏興趣,所以中國的影視劇中多是古代聖賢與才子佳人。

而西方國家多數處於開放的海洋型地理環境,工商、航海發達,從古希臘時期開始就有探索自然、探索未知、武力征服的傳統,因此西方的影視劇多是未來世界、大災難等題材。那麼,哪一種好,哪一種對?其實沒有所謂的好壞與對錯,各自都有其原因,也都有其道理。

以此觀之,馬庫斯認為,當下世界,一個明顯的現象就是各種衝突不斷,歷史上從來沒有出現過這麼多的衝突,也從未出現過數百萬人每天從一個地方遷移到另一個地方。移民是個問題，衝突在所難免，但就各種衝突來說，其根源在於不同文化下獨立型自我與互依型自我的不同。

在《衝突》（Clash）一書中，馬庫斯提出了自己的希望，即兩種文化觀的融合將是社會進步和個人自我發展的基礎；**要建設一個更加繁榮與和平的世界，每個個體都必須有其獨立自主的一面，又要處理好相互依存的關係。**

確實，世界是多彩的，文化是多元的，不同種族、不同膚色、不同文化背景下的人們在同一個環境下工作和生活，應該擁有相互包容的心。美國人不是天生的領導，中國人也不必統治世界，我們都有共同的人性。中國人有種水稻的，也有種小麥的，所以為一些文化差異現象而糾結真的沒有必要，比如豆花是甜還是鹹，粽子要怎麼包、月餅什麼餡料等，一切隨緣就好。

總之，文化心理研究中獨立型自我與互依型自我的分類，水稻文化與小麥文化的區別，都加深了我們對不同族群的思維、動機與人格的理解，也促使我們對多元文化實質的尊重。同樣，這也正是馬庫斯《文化與自我》開創的文化心理研究的目的所在。

▶ 學習多元文化的思考

　　文化影響人心，也影響人的學習。我們今天談論的心理學，從本質上來說，是根植於西方個體主義文化的，其基礎就是存在於個體內部基本的認知、情感、動機等心理過程。而在集體主義文化下的中國以及日本、印度等國，這些心理學內容明顯地忽略了人際關係，忽略了人與人之間的聯結、相互適應和調整，以及社交。

　　這種文化上的差異，其實也是許多人看不下去心理學專業書的原因。在中國這種集體主義文化中，互依型自我的個體本來對人際互動感興趣，但心理學專業書一上來就談個體認知，甚至是腦功能知識，很容易"勸退"人。就像你讀一本普通心理學的書，翻了一大半了，發現它竟然還沒有談到人們彼此互動的心理學規律：講的雖然號稱是科學心理學，但不是我心目中的心理學啊！

　　為了適應這種文化的需求，本書並沒有從常規的生理基礎談起，而是從實際問題出發，聊聊中國文化重視的那些事。所以，**你在閱讀和研究心理學著作的時候，也要注意文化因素，因為很多研究源自西方獨立型自我的個體，而這對中國人是否適用，還需要三思。**

現在西風東漸，更多的年輕人已經習慣了西方文化。可以說，有些親子間的衝突從本質來說可能就是集體主義文化與個體主義文化的衝突，孰優孰劣，只能"走著瞧"了。時代的發展把世界碾平，呈現在我們的面前。在這個多元文化並存的世界，人們會彼此友善相處嗎？世界會越來越好嗎？

讓我們拭目以待吧！

富能量 57

20位心理學大師的人生必修課

先解決心理問題，才能解開人生困惑

作　　　者：遲毓凱
責任編輯：梁淑玲
封面設計：王氏研創藝術有限公司
內頁插圖：王柏峻
內頁編排：王氏研創藝術有限公司

總　編　輯：林麗文
主　　　編：高佩琳、賴秉薇、蕭歆儀、林宥彤
執行編輯：林靜莉
行銷總監：祝子慧
行銷經理：林彥伶

出　　　版：幸福文化／
　　　　　　遠足文化事業股份有限公司
地　　　址：231新北市新店區民權路
　　　　　　108-1號8樓
網　　　址：https://www.facebook.com/
　　　　　　happinessbookrep/
電　　　話：（02）2218-1417
傳　　　真：（02）2218-8057

發　　　行：遠足文化事業股份有限公司
　　　　　　（讀書共和國出版集團）
地　　　址：231新北市新店區民權路
　　　　　　108-2號9樓
電　　　話：（02）2218-1417
傳　　　真：（02）2218-1142
電　　　郵：service@bookrep.com.tw
郵撥帳號：19504465
客服電話：0800-221-029
網　　　址：www.bookrep.com.tw

法律顧問：華洋法律事務所　蘇文生律師
印　　　刷：通南印刷有限公司
初版四刷：2024年09月
定　　　價：380元

Printed in Taiwan　著作權所有侵犯必究
※本書如有缺頁、破損、裝訂錯誤，請寄回更換
※特別聲明：有關本書中的言論內容，不代表本公司／出版集團的立場及意見，由作者自行承擔文責。

國家圖書館出版品預行編目資料

20位心理學大師的人生必修課：先解決心理問題，才能解開人生困惑 / 遲毓凱著. -- 初版. -- 新北市：幸福文化出版社出版：遠足文化事業股份有限公司發行, 2023.02
　面；　公分. -- (富能量；57)
ISBN 978-626-7184-55-4 (平裝)
1.CST: 成功法 2.CST: 生活指導
177.2　　　　　　　　　　　　　　　　111016761

本作品中文繁體字版通過成都天鳶文化傳播有限公司代理，由天津湛廬圖書有限公司授權遠足文化事業股份有限公司 (幸福文化) 獨家出版發行。未經書面同意，不得以任何形式任意複製轉載。